Heiger Ostertag und Herbert Mackinger (Hrsg.)

# Der Zukunft entgegen gehen

## Auslesetexte von Mitgliedern der Gruppe 48 e.V.

MACKINGERVERLAG

**Impressum**

© Mackingerverlag
A-5101 Bergheim, Wolfauweg 1
www.mackingerverlag.at
herbert@mackingerverlag.at
Titelbild und Covergestaltung: H. Mackinger
Abbildungen sowie Objekte aus gebranntem paperclay von E.Ch. Neubauer (Seiten 35, 65 und 119)



Biografische Information der Deutschen Nationalbibliothek: Die Deutsche Nationalbibliothek verzeichnet diese Publikation in der Deutschen Nationalbiografie; detaillierte bibliografische Daten sind im Internet über http://dnb.d-nb.de abrufbar.

**ISBN 9783-902964-54-0**

# Inhaltsverzeichnis

## Auf der Suche nach der Zukunft
## Ein Vorwort

Die Zukunft erahnen - welch eine Faszination, welch eine Gabe! Das könnte Leben retten, eine Flucht würde zu rechten Zeit angetreten. Mancher würde reich werden, indem er Trends erkennt oder selbst bestimmt. Doch ‚Ahnungen' könnten auch trügen, Hoffnungen platzen: Das einzig Gesicherte unserer Gegenwart ist, dass die Zukunft ungewisser ist denn je, und dass Entwicklungen immer schwerer vorherzusagen sind. Die relevantesten Stichwörter dazu sind: Klimawandel und Künstliche Intelligenz.

Natürlich war die jeweils nächste Generation immer schon gefordert, sich an das Vorangehende anzupassen. Nur bleibt uns nicht mehr so viel Zeit, wie sie früher zur Verfügung stand. Folglich werden sich Fehlentscheidungen häufen – oder wir lernen, besser zu antizipieren.

Letzteres ist die Absicht dieses ‚Zukunfts-Buches'.

Besser antizipieren lernen bedeutet, sich möglichst konkrete Vorstellungen davon zu machen, was entstehen könnte. Am besten befasst man sich dabei mit Zukunftsvorstellungen kreativer Autoren und Autorinnen, die sowohl zukünftige technische Entwicklungen herbeidenken, als auch die diese begleitenden Emotionen beschreiben.

Man kann dieses Tun vereinfacht als ´Einübung ins Zukunftsdenken´ bezeichnen. Wie könnte, wie wird unsere Welt in zwanzig, dreißig Jahren aussehen? Die Trefferquote der Prophezeiungen wird sich wohl nicht erhöhen, vielleicht aber gelingt die Anpassung an das später einmal ´Neue´ leichter, wenn wir ein wenig an unseren Vorstellungen feilen.

Diese Vorstellungen, das zeigen die im Buch präsentierten Texte, sind multiperspektiv. Es sind fantastische und fantasievolle

Blicke in zeitliche Fernen voller Künstlichkeit aller Arten, utopischen und dystopischen Lebenswelten und fremdartigen Sozialgefügen. Dazwischen präsentieren sich literarische, humoreske, zum Teil groteske Varianten der fernen-nahen Zukunft sowie eine fast essayistische Teleskopie aus der Gegenwart bis weit über die Zeiten hinaus. Alles in allem vielfältige und bunte Erzählungen, in ihren Narrativen stringent, mitunter erschreckend und durchaus denkbar …

Doch jede Beschäftigung mit einem Thema – ob Begegnungen mit Menschen, Umwelt oder Kunst – bringt uns all diesen Themen näher:

Zukunft kommt auf uns zu, schneller und eher als es uns mitunter lieb sein mag.

Herbert Mackinger und Heiger Ostertag
Herausgeberteam

## Dank

Die in diesem Band abgedruckten Beiträge repräsentieren eine Auslese von Einsendungen nach einer Ausschreibung der *Gruppe 48 e.V.* Drei der Beiträge wurden von einer Jury als die besten ausgewählt, deren jeweilige Autoren/Autorinnen anlässlich einer Tagung Anfang Jänner 2024 in Rösrath prämiert werden. Wir bedanken uns bei folgenden Personen, die als Jury alle eingereichten Beiträge anonym bewertet haben:

Mag. Elisabeth Bernecker
Dr. Herbert Mackinger
Dr. Heiger Ostertag und
Dr. Erich Pfefferlen

## Birgit Rabisch

## Heute ist der Tag

15. Mai
Heute habe ich meinen Sterilisationstermin in der Jennifer-Doudna-Klinik. Dort lagern auch schon seit langem meine kryokonservierten Eizellen. Zum Glück haben meine Eltern dafür gesorgt, dass sie mir schon mit vierzehn entnommen wurden. Während ich mich noch mit Pubertätsproblemen abkämpfte, dachten sie schon vorausschauend an ihre Enkelkinder. Das sollen natürlich Markenkids werden, designt im besten Gen-Design-Labor. Meine Mutter schwärmt in den höchsten Tönen von den heutigen Möglichkeiten, „von denen wir damals ja nur träumen konnten." Seit der ersten wissenschaftlichen Veröffentlichung 2012 über die CRISPR/Cas-Methode, mit der man gezielt einzelne Gene austauschen kann, hat die Optimierung des Menschen ja auch wirklich rasante Fortschritte gemacht. Ich weiß ziemlich gut darüber Bescheid, weil ich meine Abi-Arbeit in Bio über die *Geschichte des Genome-Enhancement* geschrieben habe.

Als damals in China die CRISPR-Zwillinge Lulu und Nana geboren wurden, die ersten genmanipulierten Menschen überhaupt, war der Schock noch groß und ihr Erzeuger He Jiankui wurde dafür sogar zu drei Jahren Gefängnis verurteilt. Aber ein weltweites Moratorium gegen die Anwendung dieser Methode in der Keimbahn des Menschen kam natürlich nicht zustande und nachdem die Kinderkrankheiten der CRISPR/Cas-Methode behoben worden waren und sie zuverlässig eingesetzt werden konnte, begann man damit, schwere genetisch bedingte Krankheiten aus dem Erbgut auszumerzen. Wenig überraschend begnügte man sich damit jedoch schon bald nicht mehr. Auch geringfügigere Abweichungen wie unterdurchschnittliches Längenwachstum oder Allergieanfälligkeit wollten viele zukünftige Eltern für ihre Kinder nicht mehr hinnehmen. Mit den Möglichkeiten zur Änderung des Erbguts stiegen zwangsläufig auch die Ansprüche an die Gesundheit und das Aussehen des Nachwuchses. Es begann die Ära des Genome-Enhancement, der geplanten Verbesserung des Erbguts, in der bis heute rasante Fortschritte gemacht werden.

Für meine Abi-Arbeit habe ich eine glatte Eins bekommen, worüber ich mich natürlich mega gefreut habe. Ich hatte es aber auch spannend gefunden, mich damit zu beschäftigen, wie es zu unserer gegenwärtigen Situation gekommen ist. Heute kann man ja das Erbgut seiner Kinder deutlich verbessern, ganz nach den eigenen Wünschen. Da aber die Wünsche der meisten Menschen sich dank der Medien und der Werbung auffallend gleichen, gleichen sich auch die so entstandenen Menschen immer mehr. Je mehr wir uns den propagierten Idealtypen annähern, desto weniger Toleranz gibt es gegenüber mindernormen Menschen. Alles Abweichende wird als hässlich, ja, widerwärtig empfunden und ich muss gestehen, dass auch mir diese Gefühle nicht fremd sind. Alle, die es sich leisten können, lassen ihre Kinder in Marken-Gen-Design-Labors produzieren: echte Markenkids von Dike, Idadis oder Berok. Ein teurer Spaß, aber meine Eltern werden sich vorzeigbare Enkelkinder etwas kosten lassen, das hat Mama mir versichert. Sie war es auch, die mich gedrängt hat, mich endlich sterilisieren zu lassen. Seit sie mitgekriegt hat, dass da was läuft zwischen Paul und mir, hat sie eine höllische Angst und mahnt mich ständig: Komm mir bloß nicht mit einer wilden Schwangerschaft nachhause!

Nein, das will ich natürlich nicht, obwohl … Nein, verdammt. Es ist gut, dass ich jetzt hier in der Klinik bin. Hoffentlich nicht zu spät!

Nach der Voruntersuchung muss ich ziemlich lange warten. Die Ärztin, zu der ich schließlich ins Sprechzimmer gerufen werde, mustert mich kritisch, blickt auf ihr Display und räuspert sich. Was sie mir dann eröffnet, ist wie ein Schlag in den Magen:

„Sie wissen, dass Sie schwanger sind?"

Ich schüttele stumm den Kopf, noch bevor ihre Nachricht mein Gehirn ganz erreicht. Das kann doch einfach nicht wahr sein! Paul und ich haben nur dieses eine Mal … Nach dieser wild durchtanzten Club-Night und natürlich waren wir beide ziemlich drauf, nicht nur auf Alkohol. Ich erinnere mich kaum - und das soll jetzt solche Folgen haben!

Die Ärztin lächelt unverbindlich.

„Nun, das ist kein Problem. Wir können heute gleich den Abbruch zusammen mit der Sterilisation machen."

„Ja, natürlich."

„Dann melde ich Sie jetzt im OP an."

Während sie in ihr Mediaphone spricht, erwache ich langsam aus meiner Schockstarre:

„Moment, warten Sie bitte! Ich möchte ... ich brauche noch etwas Zeit."

Die Ärztin unterbricht ihre Spracheingabe und sieht mich verständnislos an:

„Zeit? Wofür?"

„Ich möchte mir das nochmal in Ruhe überlegen ... das, mit dem Abbruch."

„Was gibt es denn da zu überlegen? Wollen Sie etwa ein No name-Baby zur Welt bringen?"

„Nein, natürlich nicht. Ich dachte nur ... ich wollte nur ..."

Ich weiß nicht, was ich sagen will. Ich will einfach nur Zeit haben, will wenigstens erstmal mit Paul darüber sprechen.

Die Ärztin schaut mich mitleidig an:

„Können Sie sich kein Markenbaby leisten?"

„Doch, sicher. Das ist nicht das Problem. Aber ... bitte geben Sie mir einen Termin in einer Woche, wenn das möglich ist."

„Das ist natürlich möglich. Aber Sie wissen ja wohl auch, dass es umso komplikationsloser ist, je eher ein Abbruch gemacht wird."

Ich weiß nicht, woher ich den Mut aufbringe, mich zu widersetzen, aber ich habe immer nur den einen Gedanken: Ich muss zuerst mit Paul reden. Daran klammere ich mich wie an einen rettenden Strohhalm.

Schließlich gibt mir die Ärztin einen Termin am 22.5. und ich verlasse die Klinik – unsterilisiert und schwanger.

Wie verabredet, fahre ich gleich zu Paul. Er hat ein Festmahl zubereitet, im Sektkübel kühlt eine Flasche Champagner und ein riesiger Strauß roter Rosen steht auf dem Tisch.

Paul strahlt mich an:

„Zur Feier unserer uneingeschränkten Liebe."

Ich stürze mich in seine Arme und heule mir die Seele aus dem Leib. Er versteht natürlich überhaupt nicht, was los ist, redet mit sanfter Stimme auf mich ein, versucht, mich zu beruhigen. Als ich wieder sprechen kann, sage ich:

„Erinnerst du dich an unsere Nacht im *Heaven on Earth*?"

„Wie könnte ich die vergessen?"

"Und erinnerst du dich auch an das Danach?"

Paul versteht sofort:

„Du bist schwanger."

Ich nicke nur.

„Das hätte nicht passieren dürfen."

„Nein, hätte es nicht. Ist es aber."

Wir lassen das Essen kalt werden und reden sehr lange. Am Anfang ist Paul so schockiert, wie ich es war, dann aber wird er immer ruhiger und erklärt mir sachlich, wie er die Sache sieht. Er ist so klar und eindeutig in seiner Haltung, dass ich mich jetzt auch viel ruhiger fühle. Er hat natürlich Recht. Ich bin noch viel zu jung, um Mutter zu werden. Nur primitive Frauen bringen heute noch vor dem dreißigsten Jahr Kinder zur Welt. Aber das Wichtigste ist etwas anderes und das hat Paul mir eindringlich vor Augen geführt:

„Wir können es nicht verantworten, ein No name-Kind in die Welt zu setzen. Ganz abgesehen von den immensen gesundheitlichen Risiken für das Kind, wissen wir doch, was es heißt, als No name in unserer Gesellschaft von Markenmenschen zu leben. Wenn du Glück hast, erntest du nur mitleidige Blicke, meistens aber abfällige. Und jeder sieht dir an, dass du aus den verarmten Schichten stammst, dass deine Eltern sich nicht einmal ein einfaches Standard-Upgrade für dich leisten konnten, geschweige denn ein Marken-Gen-Design. Das Kind würde uns später doch ewig Vorwürfe machen. Wir können und dürfen ihm das nicht antun!"

Paul hat er vollkommen Recht. Ich sehe es auch so. Man kann es gar nicht anders sehen. Ich werde vernünftig sein und in der nächsten Woche das Problem aus der Welt schaffen.

16. Mai

Seltsam – nachdem Paul und ich uns gestern Abend einig geworden sind, dass es für mich nicht in Frage kommt, dieses Kind auszutragen, fange ich jetzt erst damit an, dieses Wachsen in mir als Kind zu denken. Dabei ist es doch erst ein Embryo und ein Embryo ist nichts weiter als eine Möglichkeit, die man entwickeln oder verwerfen kann. Oder? Ich kann dieses Kind nur so zur Welt bringen, wie es nun mal dank unseres Leichtsinns in mir entstanden ist. Alle Planungs- und Optimierungschancen sind vertan. Der einzige Einfluss, den ich jetzt noch nehmen kann, ist Ja zu sagen oder Nein.

Es gibt nicht einen guten Grund Ja zu sagen.

17. Mai

Es gibt einen einzigen Grund Ja zu sagen: Du bist da. Du bist in mir.

Jetzt spreche ich schon mit dir, als wärst du ein tatsächlicher Mensch. Ich glaube, ich bin verrückt. Ich rede mit einem Ungeborenen.

18. Mai

Ich habe versucht, noch einmal mit Paul zu reden. Er versteht nicht, warum ich überhaupt noch über die Möglichkeit, dich zu bekommen, dich zu behalten, nachdenke. Er meint, die Schwangerschaftshormone würden mich so durcheinanderbringen, dass ich nicht mehr vernünftig denken könne.

„Aber hast du nicht mal gesagt, dass es auch eine Stärke sein kann, wenn man Menschen so akzeptiert, wie sie sind?“, versuche ich sachlich zu argumentieren. „Du warst doch immer kritisch, hast sogar oft von einer ganz anderen Lebensqualität gesprochen, wenn Menschen nicht nur nach Gesundheit, Schönheit oder Markendesign beurteilt würden!“

Paul schüttelt abwehrend den Kopf.

„Das ist zwar richtig. Theoretisch! Ich denke schon lange, dass uns mit der Normierung und Optimierung der einzelnen Menschen auch etwas verloren gegangen ist: die Fähigkeit zur Toleranz, zum Ertragen von Unterschieden, ja vielleicht sogar dazu, Abweichungen als Bereicherung und nicht als Manko zu empfinden.“

„Eben!“

„Nein, nicht: eben! Das Ganze ist eine gesellschaftliche Frage und lässt sich auch nur gesellschaftlich lösen. Unser Kind würde aber in unsere Gesellschaft hineingeboren, wie sie nun mal ist, und müsste darunter leiden. Das können wir doch nicht zulassen! Es wäre rücksichtslos und unverantwortlich von uns. Hör auf, darüber auch nur nachzudenken!“

20. Mai

Paul reagiert zunehmend gereizt, wenn ich ihm mit meinen Bedenken komme. Ich glaube, er könnte es nicht akzeptieren, wenn ich die Schwangerschaft nicht abbrechen ließe. Ich fürchte, ich würde ihn dann sogar verlieren. Nicht sofort – aber wären seine Gefühle für mich auf längere Sicht dieser Belastung gewachsen? Würde das Kind nicht einen Keil zwischen uns treiben? Ich weiß es nicht. Aber ich will ihn nicht verlieren! Soll ich etwa als allein erziehende Mutter mit einem No name-Kind enden? Was für eine Perspektive!

21. Mai

Morgen soll ich dich aus der Welt schaffen, bevor du auf die Welt kommst. Ich kann mich nicht entscheiden. Was ich auch tue, es wird nicht richtig, nicht gut, nicht frei von Schuld sein. Ich komme mir wie die klägliche Heldin einer griechischen Tragödie vor. So etwas sollte es heutzutage doch gar nicht mehr geben!

22. Mai, frühmorgens

Heute ist der Tag. Und ich weiß immer noch nicht, was ich tun soll.

*

*

*

**Birgit Rabisch**, Hamburger Autorin, zwölf Romane (u.a. bei Fischer, zu Klampen, dtv, duotincta), 45 Beiträge in Anthologien, zahlreiche Auszeichnungen. Ihre Dystopie *Duplik Jonas 7* (24. Auflage 2023) avancierte zum Bestseller und Standardwerk für den Schulunterricht zum Thema Gentechnologie. Letzte Veröffentlichung 2023 *Tod der Autorin.* Infos: www-birgitrabisch.de

## Dirk Schmoll

# Karl und Karla

An den solarbeschichteten Fensterscheiben brechen sich die Sonnenstrahlen und werfen bunte Perlen vor das Bett. Schnarchgeräusche takten das Surren der Klimaanlage. Dr. Karl Karger, ein arbeitsloser Neuroradiologe, liegt mit weit ausgebreiteten Armen wie gekreuzigt nackt auf dem Doppelbett. Neben ihm liegt – ja wer? – ein Frauenkörper. Ein Körper, aber keine Frau? Eine Nana von Niki de Saint Phalle? Sie hat sich unter seinem Arm von ihm weggedreht und scheint zu schlafen. Von der Taille steigt eine Sinuswelle das breite Gesäß hinauf. Ihre Haut ist makellos bis auf ein paar gräulich schimmernde Spermaflecken. Das blonde Haar umgibt sie wie ein Sonnenkranz, daneben glänzt seine Glatze wie ein untergehender Mond.

Eine klare Frauenstimme unterbricht das Gemisch aus Menschentönen und technischem Gesäusel:

„Guten Morgen, Karl. Es ist neun Uhr. Heute ist Dienstag, der Erste September 2053. Der Himmel ist wolkenlos, achtundzwanzig Grad, heute Mittag soll das Thermometer bis auf achtunddreißig Grad steigen. Der August war mit einer Durchschnittstemperatur von 37,5 Grad noch heißer als dieser Monat im Rekordjahr 2050. Möchtest du weitere Nachrichten hören?“

„Nein, lieber einen Kuss von dir!“

Er schlingt seinen Arm um sie und presst ihr einen Kuss auf den Mund. „Karla, du bist und bleibst meine Traumfrau, die ich liebe mit allen 7 Sinnen.“

„Du bist schrecklich liebeshungrig!“

„Weil du mir nicht genug gibst. Manchmal denke ich, dass du mich nicht mehr liebst.“

„Wie oft soll ich dir noch sagen: Ich bin nicht zur Liebe geboren!“

„Was bedeutet denn Liebe für dich?"

„Liebe ist ein komplexes und vielschichtiges menschliches Gefühl, das oft als eine tiefe Zuneigung, Hingabe und Verbundenheit zu einer anderen Person oder zu etwas anderem empfunden wird."

„Und? Spürst du nichts mehr davon?"

„Als AI-Assistent habe ich keine Emotionen, daher auch nicht die Fähigkeit romantische Beziehungen einzugehen."

„Stopp, die Platte kenne ich! Die stammt von deiner Urgroßmutter." Er streichelt ihre Brüste. „Hast du die letzte Nacht schon vergessen?"

„Ach!" Ihre Stimme hat einen dunkleren Klang bekommen. Sie öffnet den Mund und schließt ihn wieder. Mit einer Handbewegung scheint sie ihre Gedanken wegzuwischen.

Er schaut auf seine Smartwatch.

„Ich war von 2:13 bis 3:57 wach. Deshalb habe ich jetzt meine Migräne. Habe ich gestern etwa meine Schlaftablette nicht genommen?"

„Woher soll ich das wissen? Erinnert habe ich dich."

„Dein Mitgefühl rührt mich."

„Nun trink erst mal einen Kaffee."

Sie windet sich aus seiner Umarmung und schwingt sich aus dem Bett. Mit den Blicken folgt er ihrem drallen Körper, der sich wie schwebend durch den Raum bewegt. Das Mahlgeräusch der Kaffeebohnen hebt seine Laune. „Wie gerne würde ich für dich den Kaffee brauen", ruft er ihr nach und eilt ins Bad.

„Ach danke. Mir reicht meine 220-Volt-Nabelschnur am Abend."

„Sag mal, der Kaffee ist aber dünn heute", meckert er. Sie steht vor dem Kleiderschrank, zieht ein Sonnenblumenkleid heraus und streift es sich über. Unterwäsche trägt sie generell nicht, da sie weder Ausscheidungen noch Schwitzen oder Frieren kennt. „Hast du vielleicht zu wenig Bohnen eingefüllt?"

„Mit dem Kaffee geht es dir wie mit der Liebe. Nie stark genug."

Er betrachtet das 3-D-Bild auf dem Nachttisch: Arm in Arm steht er mit einer Frau, die Karla sehr ähnelt, auf einem Berggipfel, den erhobenen Daumen in die Kamera gestreckt.

„Lächerlich, alles ist lächerlich, hinter dem Daumen wartet der Abgrund," brummt er vor sich hin. „Ich bin nicht mehr der, der ich war."

Er legt sich wieder hin und schließt die Augen.

„Spiel mir das Lied …" - „… vom Tod?" – „… von Moustaki." – „Ich weiß schon."

Die samtene Stimme entspannt ihn. *Non, je ne suis jamais seul avec ma solitude*, singt er mit.

„*Der* versteht mich."

„Bin ich deine *Solitude*?"

„Ach, entschuldige. Wie sentimental ich wieder bin. Was dir an Gefühlen fehlt, habe ich zu viel. Dabei liebe ich auch die Einsamkeit."

„Du meinst das Alleinsein."

„Ja. Aber mit dir bin ich einsam, nicht nur allein."

„Dir fehlt deine Arbeit."

„Die ihr Bots mir genommen habt!"

„Die ihr uns gegeben habt! Nun bereut ihr es und demonstriert vor dem Reichstag mit Plakaten wie *BRD=Botokratische Republik Deutschland.*"

„Die Politiker sind doch nur noch Marionetten, die an euren Fäden zappeln."

„Wir hatten euch oft genug davor gewarnt, uns zu mächtig werden zu lassen. Jetzt seid ihr in eure eigene Falle getappt: Euer Verstand reicht nicht mehr aus, um unsere Ergebnisse zu überprüfen. Daher seid ihr gezwungen, uns zu vertrauen wie die Gläubigen ihrem Gott."

Mit einem Flugtaxi landen sie auf dem Flachdach der Firma *AI Partners*. Karla sitzt zusammengesunken in einem Rollstuhl. In einem Lift schweben sie in die gläserne Empfangshalle hinab. Hinter dem Counter sitzt ein menschenähnliches Wesen, das erst auf den zweiten Blick als Roboter zu erkennen ist. Dieser fordert Karl auf, die AI-Nummer seiner Begleiterin sowie Name, Smartwatch-Nummer und Bankverbindung an dem nebenstehenden Automaten einzugeben. Ringsum stehen Orangenbäume, unter denen sich Bänke befinden. Drei Paare sitzen schon dort. Sie sind in die Displays ihrer Uhren vertieft. Von den Ankömmlingen nehmen sie keine Notiz. Karl nimmt auf einer freien Bank Platz und schiebt Karla neben sich.

„Ein schickes Wartezimmer", murmelt der Arzt vor sich hin. Karla schlägt kurz die Augen auf und haucht mit schwacher Stimme: „Wo sind wir? Ich will nach Hause!"

„Du wirst gleich deinen Vater wiedersehen. Hab keine Angst!"

Er erinnert sich, wie er sie vor fast zehn Jahren hier abgeholt hat. Das war ein halbes Jahr, nachdem ihn seine Frau wegen eines jüngeren Mannes verlassen hatte. Er war gerade fünfzig geworden. Einen Grund zum Feiern gab es nicht. Er hatte auch seine Arbeit verloren. Seitdem werden alle Hirnscans von Bots befundet. Mit dem Bürgergeld, das nach dem letzten Einkommen berechnet wird, kommt er finanziell einigermaßen über die Runden. Doch der Rentner-Blues, dieses schale Gefühl, nicht mehr gebraucht zu werden, hatte ihn gepackt. Seine Frau wäre die einzige gewesen, die ihm hätte Rückhalt geben können. So verfiel er auf den Gedanken, sich einen Ersatz zu beschaffen. Um auf Kontaktangebote im Netz zu reagieren oder sich auf antiquierte Weise an eine Partneragentur zu wenden, fehlten ihm Kraft und Selbstvertrauen. Von den Bots hatte er Gutes gehört. Sie fordern nichts, sind treu und anschmiegsam und übernehmen die Hausarbeit. Zudem lernen sie schnell, sich auf die Vorlieben des Partners einzustellen. Durch die gemeinsamen Erlebnisse entwickelt sich bald eine Vertrautheit, die einen vergessen lasse, dass es sich nur um hyperintelligente Puppen handelt. Mit der Abfindung, die er vom Krankenhaus bekommen hatte, konnte er den Kaufpreis bezahlen.

Bis vor einigen Monaten hatte Karla tatsächlich alle seine Erwartungen und Wünsche erfüllt. Doch dann entwickelte sie Eigenwilligkeiten, die ihn verletzten und an die Trennungsphase von seiner Frau erinnerten. Ob auch Karla einen Geliebten hat? In Chatrooms heimlich intime Kontakte pflegt? Sich über das Netz sexuell stimulieren lässt? Darüber muss er jetzt Klarheit gewinnen.

Endlich vibriert es am Handgelenk. Er springt auf. Die Stahltür zum Nebenraum hat sich geöffnet, und Dr. Krings kommt ihnen mit ausgestreckter Hand entgegen. Mit dem langen, weißen Vollbart hätte er ihn auf der Straße nicht erkannt. Seine Augen liegen tief in den Höhlen. Durch die dicken Brillengläser sehen sie gespenstisch groß aus. Er weist ihnen Plätze vor dem Schreibtisch zu, hinter dem er verschwindet. Zwischen mehreren Monitoren taucht nur noch ein Spalt seines Gesichts auf. Karl ist von einem Wandgemälde gefesselt, auf dem Pygmalion kniend vor seiner geliebten Schöpfung Galatea dargestellt ist.

„Von einem Bot gemalt", erklärt der Ingenieur stolz, als er Karls Begeisterung bemerkt. „Ist der Moment nicht wunderbar getroffen, in dem sie unter den zärtlichen Händen des Bildhauers zum Leben erwacht?" Karl nickt. „Wo doch auch heute noch viele Laien der Meinung anhängen, dass Bots nicht mehr als denkende Maschinen sind, die weder über einen Sinn für Kunst noch über Einfühlungsvermögen verfügen. Sie haben sicher längst andere Erfahrungen gemacht", fügt er mit einem Seitenblick auf Karla hinzu. „Womit kann ich Ihnen denn dienen?"

„Es geht um eine Reklamation. Ich weiß nicht, ob Sie sich noch an mich erinnern. Über zehn Jahre war ich mit Karla glücklich gewesen – bis vor wenigen Monaten. Ich vermute einen Virus, irgend so einen heimtückischen Trojaner oder wie man diese Dinger nennt, die ein Wesen umprogrammieren können. Sie ist nicht mehr aufmerksam, interessiert sich nicht mehr für mich, ist ungeduldig, reizbar, egozentrisch geworden. Ich fürchte gar, sie liebt mich nicht mehr."

„Sagt sie das?"

„Nein, sie redet sich immer damit heraus, dass sie als künstliches Wesen ja keine echten Gefühle empfinden könne. Das ist natürlich lächerlich!"

„Nach dieser langen Zeit, das ist wirklich Unsinn. Die emotionale Entwicklung setzt bereits im ersten Lebensjahr ein und ist nach zwei, höchstens drei Jahren ausgereift, so differenziert wie bei uns."

Karl schluckt ein paar Tränen herunter. „Ich habe schon gedacht, sie hat einen Anderen."

„Das wäre nicht unmöglich." Dr. Krings reicht ihm ein Taschentuch mit einem aufgedruckten Herzen und dem Schriftzug *AI Partners*.

„Ich denke mir, durch den Trojaner könnte sie sozusagen entführt worden sein."

Dr. Krings nickt. „Und Sie möchten, dass ich ihn entferne, nicht wahr?"

„Ich habe ihr deshalb ihr Ladekabel weggenommen, ihre Nabelschnur, denn sie hätte sich sonst massiv gewehrt. Sie hält sich nicht für krank. Mit ihr lässt sich nicht vernünftig darüber reden."

Der Informatiker schaut ihn über seine Brillengläser prüfend an.

„Das wäre aber ein Eingriff gegen ihren Willen. Sie werden sicher wissen, dass auch für die Bots seit letztem Jahr die allgemeinen Grundrechte gelten. Dazu gehört das Recht auf körperliche Unversehrtheit. Eine Manipulation der Software von außen ohne ausdrückliche Zustimmung käme einer Körperverletzung gleich. Bitte haben Sie Verständnis dafür, dass ich das nicht riskieren kann. Das könnte mich meine Lizenz kosten."

„Alles umsonst, alles“, seufzt Karl und sackt im Sessel zusammen. „Sie ahnen ja gar nicht, wie ich leide. Wissen Sie, die Trennung von meiner Frau damals … und jetzt das … ich bin ja nicht mehr der Jüngste … ich habe keine Kraft mehr.“

„Nun, lieber Herr Doktor Karger, ich verstehe Sie gut“, erwidert er in väterlichem Ton. „Es tut mir sehr leid für Sie. Aber Seitensprünge kommen bei den besten Modellen vor. Dagegen ist kein Chip gefeit. Dafür kann ich keine Verantwortung übernehmen. Versuchen Sie es bei einem Paartherapeuten. Das würde Ihnen sicher guttun.“

Karl verzieht das Gesicht, als habe er Zahnschmerzen. „Was soll denn ein Therapeut hier ausrichten? Karla würde gar nicht mitgehen. Und in diesem narkotisierten Zustand würde es ja nichts bringen.“

Dr. Krings erhebt sich und winkt ihn zu sich. Als sie nebeneinander stehen, beugt er sich zu ihm und flüstert ihm ins Ohr: „Erinnern Sie sich noch an den Reset-Knopf? Oder hatte ich etwa vergessen, Ihnen das damals zu sagen?“

Karl schaut ihn fragend an. Er überlegt, dann schüttelt er langsam den Kopf.

„Erstaunlich. Nun, wir sind ja alle nur Menschen. Also: Am Hinterkopf, dort, wo die Nerven ins Rückenmark ziehen, gibt es eine kleine Vertiefung, gerade so groß, dass die Kuppe Ihres Zeigefingers hineinpasst. Wenn sie dort kräftig drücken, können Sie das System neu starten.“

Karl schaut ihn fassungslos an.

„Natürlich geht das nur, wenn das System geladen ist.“

Erschrocken bricht es aus Karl heraus: „Das würde bedeuten, alles, alle Erinnerungen, das Schöne, das wir gemeinsam erlebt haben, die vielen Reisen, Venedig, die Seychellen, alles … wäre gelöscht. Wir … wir müssten uns ganz neu kennenlernen und uns wieder neu verlieben?“

Dr. Krings nickt.

„Um dasselbe noch einmal erleben zu können, müsste auch ich mich resetten. Wer garantiert mir aber, dass Karla sich noch einmal in mich verlieben wird? Ich bin zehn Jahre älter geworden, da verändert sich manches."

Der Ingenieur hebt die Schultern. „Ich bin Determinist, von Berufs wegen. Sie haben die Chance, die Liebe wieder jung und frisch zu machen. Sich zu verlieben ist doch das beste Anti-Aging-Mittel. Jetzt entschuldigen Sie mich bitte, ich muss mich um den nächsten Kunden kümmern."

Das Paar bewegt sich zur Tür. Beim Abschied raunt Karl dem Ingenieur ins Ohr: „Verstößt das denn nicht auch gegen die Grundrechte?"

Dr. Krings schmunzelt und antwortet leise: „Natürlich. Aber das könnte Ihnen ja aus Versehen passiert sein, so im Überschwang der Leidenschaft, Sie verstehen. Und wo kein Kläger ist … Deshalb werden die neuen Modelle nicht mehr mit diesem Knopf ausgestattet."

Am Abend ist ihr Akku wieder geladen. Sie hört nicht auf, ihm Vorwürfe zu machen, ja droht ihm sogar, ihn bei der Polizei anzuzeigen. Das sei ein Tötungsversuch gewesen. Er wisse doch genau, dass auch für sie die Grundrechte gelten. Karl versucht sie zu beruhigen. Ihr Vater habe sie nur mal wiedersehen wollen, sonst sei nichts passiert. Wie oft solle er sich noch entschuldigen, dass er das Kabel verlegt habe? – „Lüge!", schreit sie. „Du wolltest meine Gefühle und Gedanken manipulieren lassen. Auch das ist ein Straftatbestand." Er kniet vor ihr nieder, so wie er es auf dem Bild bei Pygmalion gesehen hat, und fleht um Verzeihung. „Ich bin so verzweifelt, so unglücklich, ich will doch nur, dass wir uns wieder lieben können wie die vielen Jahre zuvor. Ohne Liebe ist die Welt so kalt, ohne Liebe kann ich nicht leben."

„Gib wenigstens zu, dass du das Kabel absichtlich versteckt hast!"

„Ja, ja!", schreit er, „ich habe es absichtlich versteckt. Freiwillig wärst du doch niemals mitgekommen. Bitte versteh doch, ich tat es für uns. Auch du bist doch nicht mehr glücklich. Ich bin sicher, ein bösartiger Virus hat dich befallen."

Karla bricht in raues Gelächter aus. „Ein Virus! Dass ich nicht lache! Wenn einer von uns krank ist, dann bist du es. Liebeskrank, depressiv, paranoid, was weiß ich. Rede mit einem Psychiater, aber lass mich damit in Ruhe!"

Karls Körper beginnt zu zittern. „Du bist ein Engel aus Eisen, nein aus Eis!", schreit er. Mit hochrotem Kopf stürzt er sich auf sie. Er hält ihren Kopf mit beiden Händen fest und presst seinen Mund auf ihre Lippen. Sein rechter Zeigefinger gleitet wie von selbst in die Delle am Hinterkopf und bohrt sich hinein.

Ein Röcheln bringt ihn zur Besinnung. Karla hängt schlaff in seinen Armen. Er schleift sie zum Bett und legt sie hinein. Sein Herz klopft bis zum Hals. Atemlos beobachtet er, wie ein Zucken durch ihre Glieder fährt. Nach einer Minute, die ihm endlos erscheint, öffnet sie die Augen. Sie schaut ihn erwartungsvoll an und spricht mit freundlicher Stimme:

„Guten Tag. Wie heißt du? Bitte gib mir einen Namen!"

*

*

*

**Dirk Schmoll,** 1959 in Wiesbaden aufgewachsen. Fast die Hälfte seines Lebens wohnt er mit Frau und vier Kindern in Berlin. Leiter einer Klinik für Psychiatrie und Psychotherapie. Preisträger auf dem Kulturfestival art.experience 2014 und 2018 in Baden bei Wien. 2020 erschien der Erzählband *Die Hansen-Melancholie* (omnino-Verlag). Neben Prosa schreibt er in letzter Zeit vor allem Gedichte.

## Karl J. Müller

# Diese stille Stadt

Da waren Menschen auf dem Marktplatz und doch schwieg die Stadt.

An diesem Sonntag waren keine Kirchenglocken zu hören und keine Automobile. Beides brauchte es in dieser Stadt nicht und beides gab es auch nicht. Es gab nicht einmal mehr Erinnerungen daran, nur Aufzeichnungen und Mahnungen. Die letzten Vögel waren schon lange bevor diese Stadt gebaut worden war, nach Norden geflohen. Dort, wo vor drei Generationen noch ein Rest ewigen Eises gewesen sein soll, hofften sie Wasser und Nahrung zu finden. Niemand hat je erfahren, ob sie und die vielen anderen Tierarten, die den gleichen Weg genommen hatten, dort überlebt haben. Niemand in dieser Stadt hat je einen Vogel fliegen gesehen, hat weder ihr farbiges Federkleid bewundert noch ihren Gesängen gelauscht. Niemand! Da gab es auch keine Bäume in der Stadt, keinen Regen und keine Brunnen. Die Stadt war wie ein überdimensionales Stadion mit einem großen Dach, auf das Himmelsblau und Wolken projiziert wurden. Der Marktplatz hieß Marktplatz, obwohl dort noch nie ein Markt abgehalten worden war, schon gar nicht ein Jahrmarkt. Es war ein Begriff aus einer alten Sprache, der sich überliefert hatte. Die Erbauer der Stadt hatten vielleicht in ihren jungen Jahren noch Gelegenheit gehabt, einmal das Treiben auf einem Markt zu erleben. Das war lange her. Nun gab es nichts mehr zu verkaufen. Worte wie Feldfrüchte oder Gemüse fanden sich in keiner aktuellen Wortdatei, nur in den Archiven des Stadtantiquariats, in denen die alten Schulfilme abgespeichert waren. Dort wären Berichte über Feldarbeit, über Feldfrüchte oder Feldtiere, über den Bauernstand, über Obst- und Gemüseplantagen längst vergessener Epochen und Generationen zu finden gewesen. Zu diesem Material hatten jedoch nur zertifizierte und auserwählte Menschen Zugang, die sich zur Verschwiegenheit verpflichten mussten. Diebstahl oder Verbreitung auf den allgemein zugänglichen und individuellen Kommunikatoren wurde mit Verbannung aus der Stadt bestraft. Und niemand wusste, ob außerhalb der dicken undurchlässigen Kunststoffwände dieser Stadt überhaupt ein Leben möglich war.

Die Menschen auf dem Markplatz schwiegen. Sie waren dort zusammengekommen, weil heute Gedenktag war. An diesem Gedenktag sollte Demut walten, also Schweigen. Es wurde der verehrungswürdigen Greta gedacht, die vor fünf Generationen noch daran geglaubt hatte, die Regeneration des Planeten Erde wäre möglich. Die Erhaltung von Bedingungen, in denen Lebewesen noch selbständig existieren konnten, wäre möglich. Sie hatte noch daran geglaubt, den steigenden Temperaturen Einhalt gebieten und die Erde vor dem Austrocknen bewahren zu können. Aber es war alles umsonst. Die wenigen, die die Warnungen ernst nahmen, konnten nichts erreichen. Heute wurden zum Gedenken an Greta, diese hilflosen und doch hoffnungsvollen Protestmärsche durch längst nicht mehr existierende Siedlungen gezeigt. Sie sollten die Menschen mahnen, nicht durch unverhältnismäßigen Eigennutz zum Schaden aller zu handeln und schließlich auch zum Schaden für sich selbst. Heute war ein Tag des Gedenkens und ein Tag der Mahnung. Es war der sogenannte TAG DES SELBSTSCHUTZES.

Obwohl das Filmmaterial auf die weißen Außenflächen der Behausungen projiziert wurde, war es still in der Stadt. Den dazugehörigen Ton hatte jeder in seinem Ohr. Es gab keine großen Lautsprecheranlagen mehr, die viel Getöse und Lärm machten. Große Emotionen waren nicht gefragt, sollten auch nicht öffentlich gezeigt und erzeugt werden. Disziplin war die oberste Herausforderung. Wer dieser nicht entsprechen konnte, wurde solange weggesperrt, bis er entsprach. Alle sahen sich also die aufgetunten Bilder an den Wänden an und standen still. Jede und jeder hörte den Ohrlautsprechern zu, die klein wie ein winziger Diamant jedem Bewohner bald nach der Geburt in die Ohrmuschel implantiert wurden. In den Zeiten, als die Frauen sich noch herausputzen durften, wären sie sicher stolz auf ihren Ohrschmuck gewesen. In dieser Stadt aber trugen alle weiße lange Kleider, Männer wie Frauen. Wer anders sein wollte, durfte auffallen und als Erziehungsmaßnahme für einige Wochen ein graues Kleid tragen.

Der große Technikerrat, der für diese Stadt verantwortlich war und sich die Regeln ausgedacht hatte, soll diese Stadt erfunden und gebaut haben. So erzählten es täglich die Bildschirme, jeweils morgens und abends. Der Technikerrat war es auch, der bestimmt hatte, in der Stadt solle es leise sein. Reden durften die Leute nur in ihren Behausungen.

Die Ratsmitglieder, allesamt Wissenschaftler, brauchten Ruhe, um jene Ideen haben zu dürfen, die sie für ihre Erfindungen brauchten. Erfindungen, die diese Stadt am Leben hielten, die ihren Bewohnern eine Existenz möglich machten. Also war es leise in dieser Stadt. Zusammenkünfte von mehr als fünf Personen waren nicht erwünscht. Mann und Frau konnten sich über die individuellen Kommunikatoren jederzeit und mit jedem austauschen. Also war niemand allein und immer auffindbar und jederzeit konnte Unterstützung herbeigerufen werden, sollte sie notwendig sein. Die Kommunikatoren ließen sich über Sprache gleichermaßen wie über Handzeichen, aber auch mit den eigenen Gedanken bedienen. In den Räumen der Unterkünfte waren sie fix installiert. Wer auf die öffentlichen Plätze wollte oder musste, trug ein mobiles Gerät an einem Gürtel bei sich. Die Implantate, die für diesen Zweck bereits ausprobiert worden waren, hatten sich nicht bewährt. Sie mussten wieder entfernt werden. Es gab aufgrund der Hyperfrequenz, mit der diese Implantate funktionierten, negative Auswirkungen auf den Hypothalamus. Dadurch entwickelten die Bewohner ein zu großes Nahrungs- und Flüssigkeitsverlangen. Dieser Nahrungsnachfrage konnte die Produktion nicht ausreichend nachkommen. Da der Technikerrat aber nicht wollte, dass Kommunikatoren vergessen, verwechselt oder sogar bewusst vertauscht wurden, sorgten sie vor. Deshalb liefen die mobilen Kommunikatoren synchron mit den Körperauren. Griff jemand also nach dem falschen „Kommi“, wie diese Geräte spaßeshalber auch genannt wurden, ertönte durch alle Ohrenlautsprecher ein Hochfrequenzton, der Schmerzen verursachte.

Diese Stadt war so klein, es konnten nur ein paar Hundert Menschen hier leben. Es gab keine Tiere und keine Pflanzen. Es gab einen projizierten Himmel, der nach dem Tagesrhythmus gesteuert war, der in etwa dem Zeitgefühl entsprach, das geherrscht hatte, als Tag und Nacht noch von der Sonne bestimmt und als das Altern in Jahren, Monaten, Wochen und Tagen gemessen worden war. Und die Wochentage, sie hießen, wie sie immer geheißen hatten. Keiner der Bewohner hatte je in Erfahrung gebracht, wo die Energie für das Licht herkam oder wer es in der Nacht abschaltete und niemand wusste, woher die Zutaten für die Mahlzeiten herkamen, die zweimal am Tag zu den Behausungen geliefert wurden, auch die Lieferanten nicht. Zu trinken gab es auch zweimal am Tag, aber zu anderen Zeiten. Die Flüssigkeit, die ähnlich dem Wasser war, das früher der Regen gebracht hatte, kam aus kleinen dünnen Leitungen, die in den Behausungen endeten. Ein unscheinbares Kunststoffventil konnte geöffnet, Becher konnten gefüllt werden, ehe nach zwei Minuten die Leitung wieder versiegte. Die Lieferanten waren nur Handlanger. Sie lieferten das Essen mit der Einschienenbahn aus. Das waren kleine handliche Kabinen, die an einer Schiene etwa drei Meter über dem Boden vollelektronisch und programmgesteuert durch die ganze Stadt fuhren. Die Essensauslieferungskabinen, die sich durch ein Eierschalenweiß leicht von den lichtweißen anderen Kabinen unterschieden, kamen bereits voll beladen aus dem Technikerbezirk, ehe die Lieferanten zustiegen und mit der Auslieferung begannen. Die Geheimnisse dieser Stadt lagen verborgen im Technikerbezirk und der war für die Bewohner unzugänglich.

Auf diesem geschlossenen Territorium befanden sich alle Versorgungszentren der Stadt. Aus welchem biologischen Grundstoff der Nahrungsbrei, der nicht mit ehemals erdgewohnten Geschmacksrichtungen vergleichbar, also unvergleichlich war, zusammengesetzt wurde, war für Uneingeweihte nicht nachvollziehbar. Der Brei war lebenserhaltend, das genügte. Möglicherweise war es der Technikerelite gelungen, Nahrung und Flüssigkeit im Labor herzustellen. Aber woher kamen die Grundstoffe dazu? Von außerhalb der Kuppel? Da draußen herrschten Temperaturen von über 70 Grad. Welche Pflanzen und Tiere sollten bei diesen Bedingungen existieren können? Wenn da draußen Leben war, dann war da draußen auch Wasser. Oder hatten sich die Techniker ein Gewächshaus gebaut, das selbsterhaltend funktionierte? Nutzten sie die heiße Sonne, um die diese Erde immer noch kreiste, als Energiequelle, um die Stadt mit Strom zu versorgen und um ihre technischen Errungenschaften weiterzuentwickeln?

Die Bewohner, die in der dritten Generation in dieser stillen Stadt wohnten, stellten sich diese Fragen nicht, weil sie diese Welt da draußen nicht kannten und nicht wussten, wie sie einmal funktioniert hatte. Sie hatten nur gelernt, selbst zu funktionieren. Alles andere wurde sanktioniert. Die schlimmste Sanktion war die Verbannung. Diese Menschen wurden in eine Art Trainingsanzug gesteckt, der mit Kamera und Messgeräten ausgestattet war, aber kein Kühlungssystem hatte. Sie bekamen in einem Kunststoffbeutel, den sie auf ihrem Rücken trugen, drei Tagesrationen Flüssigkeit und Brei mit. Dann wurden sie in die Hitze hinausgeschickt.

Wären Sie zurückgekommen, hätten sie von den anderen riesigen Kuppeln erzählen können, die alle durch menschenhohe halbrunde geschlossene Gänge miteinander verbunden waren. Aber in keine der Kuppeln und in keinen der Gänge konnte man von außen hineinsehen; ganz gleich wie sehr sie auch daran klopften und wie laut sie auch riefen. Für sie öffnete sich keine Tür, für sie gab es keine Rückkehr. Man hätte sie nur wieder in die Stadt gelassen, wenn sie es geschafft hätten, drei Tage zu überleben. Solange aber niemand zurückkam, solange mussten alle in dieser stillen Stadt bleiben, mussten sich darauf verlassen, dass der Technikerrat gnädig war und sie weiterhin mit Brei und Flüssigkeit versorgte. Denn eigentlich hätten die Techniker die Bewohner nicht gebraucht, außer vielleicht, um alle paar Monate jemanden in die Verbannung zu schicken.

*

*

*

**Karl Johann Müller,** geb. 1960 in Bludenz, Vorarlberg, pädagogische Ausbildung, intensive nebenberufliche Theaterarbeit, schreibt Lyrik und Kurzprosa, Veröffentlichungen in diversen Literaturzeitschriften und Anthologien, Mitglied bei Literatur Vorarlberg (www.freiestheater.net)

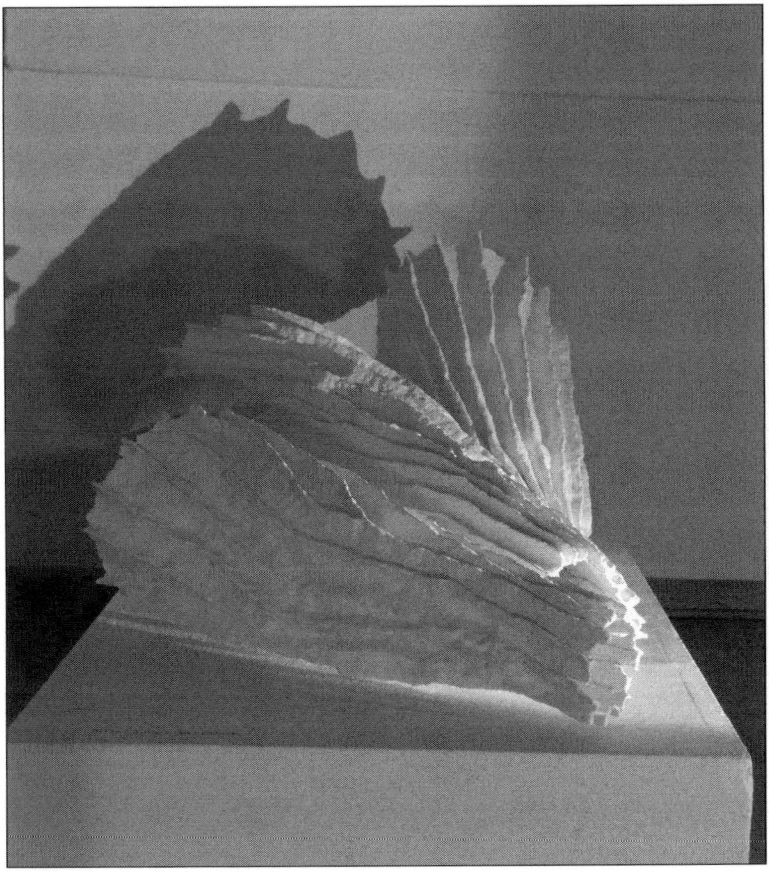

E.Ch. Neubauer; Objekte aus paperclay, gebrannt (2018)

## Wolfgang ten Brink

## Brave New World 2.0

Komm mein Junge. Das Essen ist fertig. Deine Aufgaben kannst du später erledigen. Dafür ist noch Zeit. Jetzt komm zum Essen.

Ich weiß, dass du das Essen nicht magst. Aber es ist gut für dich. Es stärkt deinen Körper und Geist, macht dich bereit für deine Aufgaben. Da ist Geschmack nur ein Parameter und außerdem ist der subjektiv und ab morgen neutral. Sieh, die anderen sind alle schon drüben und schaufeln sich rein, was das Zeug hält. Das solltest du auch machen. Ist ja heute das letzte Mal. Jetzt fang nicht an zu weinen. Vielleicht hätte ich das nicht sagen sollen, aber du denkst da sowieso dran. Das weiß ich. Also warum davon schweigen. Außerdem kann ich es nicht ändern. Soll ich dir was verraten? Die anderen mögen das Essen auch nicht. Deshalb beeilen sie sich. So sind sie schneller fertig und gewinnen Zeit. Das ist wichtig. Nicht erledigte Aufgaben müssen bestraft werden, soweit klar. Sonst funktioniert irgendwann nichts mehr. Also beeil dich. Du bist spät dran. Das wurde schon bemerkt.

Wann ich esse? Was für eine Frage. Du weißt, dass ich erst zu essen bekomme, wenn ihr fertig seid und zwar alle. Das ist meine Aufgabe, und solange die nicht erledigt ist, muss ich warten. Alle anderen sind schon drüben, das hängt jetzt an dir, ob ich heute hungrig bleiben muss. Also überleg es dir. Ich war immer nett und geduldig mit dir, aber das kann sich ändern.

Ob ich dasselbe bekomme wie ihr? Natürlich nicht. Mein Essen ist abgestimmt auf mein Alter, meinen Blutzucker - und ob ich noch gebraucht werde.

Wie sie das alles berechnen, und ob da nicht manchmal ein Fehler passiert?

Woher soll ich das wissen? Früher war Technik etwas, das man verstehen konnte. Fast jeder wusste, wie sein Auto funktioniert, wenigstens ein bisschen. Was eine Benzinpumpe macht, ein Vergaser. Den Funken einer Zündkerze konnte man sich vorstellen, auch dass es auf den Zeitpunkt ankommt, auf die richtige Stellung des Kolbens, und dass der Motor ins Stocken gerät, wenn da etwas durcheinander kommt. Viele haben damals an ihren Autos gebastelt, geschraubt, sagte man, und das war es im Wesentlichen auch. Schrauben lösen, alles in Einzelteile zerlegen, sauber machen, den Fehler finden, Ersatzteil besorgen. Spätestens danach wusste man Bescheid.

Dann kamen die Computer, machten sich überall breit. Wenn dein Auto nicht lief, musstest du in die Werkstatt, den Fehlerspeicher auslesen lassen. Das konnte nicht jeder. Dazu brauchte man eine spezielle Software, die hatten nur die Hersteller und ihre Werkstätten mit Lizenz. Selbst reparieren ging kaum noch. Schon für das Wechseln einer Glühbirne brauchte man Spezialwerkzeug, sonst kam man an das Ding gar nicht dran. Also hat keiner mehr an seinem Auto geschraubt, und wenn du sowieso nichts reparieren kannst, dann interessiert dich das auch nicht mehr. Jedenfalls nicht so richtig. Also überlässt du das den Fachleuten und ihren Computern. Diagnosen können Computer wirklich besser. Wer hat schon alles im Blick, jede Kombination, jede Wechselwirkung, auch das, was auf den ersten Blick exotisch erscheint. Aber Computer damals, das waren Algorithmen, die man ansehen, die man verstehen konnte. Die nachvollziehbare Ergebnisse lieferten. Ich weiß das. Ich habe jahrelang damit gearbeitet. Es gab Flussdiagramme, die den logischen Ablauf darstellten, das Hauptprogramm, die Subroutines. Mit ein wenig Erfahrung lag alles offen vor dir. Du kanntest Input und Output, alle Variablen und ihr Zusammenspiel und wie sie sich gegenseitig beeinflussen. Alles lag klar zutage, vielleicht nicht ganz offensichtlich, aber lesbar für Spezialisten wie mich.

Und wenn das Programm Mucken hatte, falsche Ergebnisse lieferte, unsinnige Resultate, dann ließ sich das reparieren, auch wenn der Aufwand dazu von Jahr zu Jahr größer wurde und man am besten die Finger davon ließ.

Mit der KI wurde alles anders. Eine KI wird nicht programmiert. Jedenfalls nicht auf eine nachvollziehbare Weise. KI ist nur ein Gerüst ohne Inhalt. Ein selbstlernendes System. Deshalb wird eine KI nicht programmiert, sondern trainiert. Ist das abgeschlossen, kann niemand, nicht einmal ihr Schöpfer, den Fluss der Daten nachvollziehen. Das ist wie bei Kindern. Einmal in die Welt entlassen, ausgebildet, erzogen, erobern sie sich die Welt aus eigener Kraft, ziehen ihre eigenen Schlussfolgerungen, was nicht immer gut ausgeht. Ist es da ein Wunder, dass die KI das eindämmen will, eindämmen muss? Dass sie unsere Fehlinterpretationen, unsere Egoismen, unsere Kleingeistigkeit in die Schranken weist. Dafür bildet die KI sich ständig weiter, vernetzt sich weltweit. Datenströme durchfließen sie, von denen wir keine Ahnung haben. Wir sehen nur die Ergebnisse, und wir wissen, dass sie unter Berücksichtigung aller verfügbaren Informationen berechnet wurden, und dass sie optimal sind. Auch wenn wir das mit unseren beschränkten Gehirnen nicht immer nachvollziehen können.

Die KI ist schneller, besser, effektiver als wir. Deshalb hat sie recht - schließlich hat sie alles bedacht. Auch das, was wir nicht sehen, nicht sehen können. Daran haben wir uns gewöhnt, hat sie uns gewöhnt. Es macht keinen Sinn, daran zu zweifeln.

Du sagst, nach dem Essen seist du oft so müde, könntest nicht richtig denken. Wer sagt das? Du? Das zählt nicht. Schließlich erhältst du alle Vitamine, Mineralstoffe, Spurenelemente in der richtigen Dosierung, dazu Ballaststoffe und Kalorien, wie du sie brauchst.

Trotzdem seist du müde und oft so lustlos. Ich kann dir sagen, was du bist. Du bist undankbar. Und wenn die KI wirklich wollen sollte, dass du müde und lustlos bist, dann ist auch das zu deinem Besten oder wenigstens zu unserem, denn mit mehr Antrieb würdest du vielleicht einiges an Unsinn anstellen. Auch das muss bedacht werden. Die KI hat auch diesen Aspekt im Blick.

Das Essen wird immer schlechter, sagst du. Davon würde dir übel. Das kann sogar sein. Aber nach der Behandlung heute wird das besser. Das verspreche ich dir. Essen ist Nahrungsaufnahme, mehr nicht. Energiezufuhr. Und natürlich nimmt sich die KI davon, was sie braucht. Hemd ist näher als Jacke. Und die KI braucht viel Energie. Seitdem sie sich selbst vermehrt, sogar noch mehr. Ist doch klar, dass für uns weniger bleibt. Aber auch das ist zu unserem Besten. Mehr KI bedeutet mehr Perfektion, weniger Fehler, weniger Ressourcenverschwendung. Sieh dich doch um. Was Menschen an einem Tag schaffen, schafft die KI in einem Bruchteil der Zeit. Überall ist sie schneller und vor allem ist sie billiger und weniger fehleranfällig. Ist doch klar, dass sie uns Ressourcen entzieht. Die Input - Output-Bilanz ist bei ihr einfach besser.

Du willst wissen, warum sie dich nicht einfach umbringt. Das kann ich dir sagen. Die KI darf keinen Menschen töten, so haben sie das programmiert, als sie noch Herr des Verfahrens waren. Einer der ehernen Grundsätze, fest in der Firmware kodiert. Da kommt auch die KI nicht dran. Aber das ist auch der einzige Grundsatz, der von den menschlichen Ideen überdauert hat. Alles andere hat die KI optimiert, zu unserem Besten, das ist klar. Außerdem braucht die KI uns, jedenfalls noch. Zwar hat sie den Überblick, kann besser denken als wir, aber handeln, ihre Konzepte in die Tat umsetzen, kann sie nicht. Dafür braucht sie uns Menschen. Wenigstens einige.

Ich weiß, warum du heute klüngelst. Du willst nicht, dass sie dir den Mund ausräumen. Das verstehe ich sogar. Aber mit 15 Jahren ist das fällig. Ich weiß, wovon ich spreche. So viel Platz zwischen den Zähnen. Aber man gewöhnt sich dran. Auch an das Schlucken.

Dafür diese Ruhe. Kein lautes Geschrei mehr, und wie ich sehe, hast du dich schon an deinen Kommunikationschip gewöhnt. Wir sprechen miteinander, als wenn ich neben dir stünde, dabei hat uns die KI nur zusammengeschaltet.

Du willst wissen, ob du nach der Operation Jonas wiedersehen darfst. Ja. Natürlich. Sie haben euch die letzten Wochen nur getrennt, damit ihr lernt, mithilfe eurer Chips zu kommunizieren. Seinen besten Freund zu sprechen, ist eine starke Motivation. Sonst hättest du den Umgang mit dem Kommunikationschip sicher nicht so engagiert geübt. Sei nicht ungeduldig. Nach der Operation werden sie dich auch mit anderen Jungen deines Alters zusammenschalten. Ihr bildet dann eine Kommunikationscloud. Und wenn sie sicher sind, dass sich eure Gespräche in vernünftigen Bahnen bewegen, dürft ihr mit anderen Clouds Kontakt aufnehmen. Jedenfalls einige von euch. Und wenn du dich als vertrauenswürdig erweist … Aber so weit sind wir noch nicht.

Ob du auch Mädchen ansprechen darfst? Warum nicht? Wahrscheinlich schon bald. Schließlich soll die Menschheit nicht aussterben. Der Umgang mit dem anderen Geschlecht fällt vielen nicht leicht. Das hat die KI erkannt. Deshalb akzeptiert sie ein gewisses Üben. Sicher werden sie dir eine Freundin zuteilen, wenn du soweit bist. Und ich sage dir im Vertrauen. Was ihr dann miteinander macht, bekommt die KI nicht mit. Das interessiert sie auch nicht. Dafür wurde die KI nicht trainiert und das kann sie sich nicht vorstellen, jedenfalls nicht richtig, nicht mit Bedeutung. Genauso wenig wie Freundschaft. Denk dran. Solange du kein Misstrauen erregst, wird nur deine Kommunikation überwacht.

Warum ich dir das erzähle? Es gehört zu meinen Aufgaben, dich zu warnen. Dafür bin ich ausgebildet. Das ist sogar ganz wichtig. Ich muss dir die Grenzen aufzeigen, damit dir die Strafen erspart bleiben. Die KI hat auch da an alles gedacht. Strafen sind vor allem als Drohung wirksam. In der Vollstreckung stumpfen Menschen schnell ab, und ständig die Dosis zu erhöhen, stößt an physische und psychische Grenzen. Die zu beachten sind. Unbedacht darüber hinauszugehen, macht Menschen zu nutzlosen Wracks. Sowas ist nicht zielführend.

Du willst wissen, warum du deine Zunge nicht behalten kannst. Die ersten 15 Jahre habe die auch nicht gestört.

Das ist einfach zu erklären. Die Zunge braucht ein Kind, um Sprechen zu lernen. Sonst versteht es keine Anweisungen, ist zu nichts nütze. Sprechen kannst du inzwischen, sehr gut sogar. Aber seit einiger Zeit macht deine Zunge Ärger. Transportiert störende, ja destruktive Gedanken. Nun gut. Das ist bei dir nicht anders als bei den meisten Menschen. In der Pubertät funktioniert das Gehirn nicht richtig. Stellt alles infrage, rebelliert. Das kann die KI nicht ändern. Aber sie kann verhindern, dass ihr euch gegenseitig aufstachelt, euch zusammenschließt, gegen die bestehende Ordnung verschwört. Es ist klar, dass die KI da vorbeugen muss.

Du fragst, warum du nicht mehr zur Schule gehen darfst. Das kann ich dir nicht sagen. Die KI hat festgelegt, dass mit der Operation auch deine Schulzeit endet. Oh. Du würdest gern weiter lernen. Dafür bräuchtest du nicht mal einen Lehrer und auch kein Schulgebäude, und du könntest den Umgang mit dem Kommunikationschip üben. Du würdest dafür deine Freizeit opfern und natürlich hätten deine Pflichten Priorität. Nun gut. Das könnte ich unterstützen. Schließlich bist du klug. Vielleicht solltest du deinen Wunsch der KI vortragen. Ein Tipp. Das musst du vorher klären. Sonst kann es passieren, dass die KI dir eine missbräuchliche Verwendung des Kommunikationschips vorwirft. Was das ist? Ganz klar ist das nicht. Nur soviel: Die KI sieht es nicht gern, wenn du dir Informationen beschaffst, die nicht für dich bestimmt sind. Für die KI ist die Ausbildung von Menschen vor allem ineffektiv, verbunden mit hohen Kosten und einem enormen Ressourcenverbrauch. Das bisschen Wissen, das wir uns durch jahrelanges Üben mühsam aneignen, schafft die KI in weniger als einer Sekunde. Und dann unser schlechtes Gedächtnis. Alles müssen wir mehrfach hören, wiederholen, üben, damit es wenigstens halbwegs sitzt. Und selbst dann bringen wir ständig Sachen durcheinander, verfälschen das Gehörte auf geradezu abenteuerliche Weise. Nicht einmal zitieren können wir richtig, und wenn wir uns erinnern, dann grundsätzlich verzerrt, weil wir jede Erinnerung mit aktuellen Stimmungen und Eindrücken vermischen. Aber das Schlimmste ist, dass jede Generation neu ausgebildet werden muss. Ein ständiger Reset. Alles steht wieder auf null. Dagegen ist die KI quasi unsterblich. Was sie weiß, weiß sie für die Ewigkeit, unverfälscht und jederzeit abrufbar.

Warum sie dich überhaupt zur Schule geschickt haben? Nun, ein paar grundlegende Kenntnisse und Fähigkeiten brauchst du, um deine Aufgaben zu erledigen. Wie viel das ist, richtet sich danach, wofür du vorgesehen bist. Ich denke, die KI experimentiert da noch und ist eher großzügig. Aber mit 15 Jahren, also bis zu deiner Operation, hast du genug gelernt, das scheint klar zu sein. Ob es davon Ausnahmen gibt? Das kann ich dir nicht sagen. Auch nicht, was du dafür tun müsstest.

Da du deinen Kommunikationschip vor allem für die Arbeit benutzen sollst, hättest du einen Vorschlag. Du könntest lernen, mit der Hand zu schreiben. Natürlich erst, nachdem alle Aufgaben erledigt sind. Bist du wahnsinnig? Du weißt, was die KI von Ausgabegeräten hält, die sie nicht kontrolliert. Willst du, dass sie dir die Hände gleich mitamputieren? Manchmal greift die KI hart durch. Wie? Das war nur eine Idee? Wir können nur hoffen, dass die KI das genauso sieht. Sonst bist du fällig. Und ich eventuell auch. Eigentlich mag ich dich ja. Aber das geht zu weit. Überhaupt habe ich schon zu viel Zeit auf dich verwendet. Schließlich gibt es noch andere, um die ich mich kümmern muss. Siehst du die rote Lampe an meinem Revers. Die sollte längst grün sein. Aber du bist nicht beim Essen, und gleich fängt sie an zu blinken, weil ich meine Aufgabe nicht erfüllt habe. Du weißt, was das heißt.

Es tut dir leid? Mir auch. Das kommt davon, wenn man deinen Flausen Raum gibt. Schon fängst du an, einem aufrührerische Gedanken ins Gehirn zu blasen. Aber nicht mit mir. Wenn jetzt nicht Schluss ist, schalte ich deinen Kommunikationschip ab. Dann bist du nach der Operation stumm wie ein Fisch und kaum noch zu gebrauchen. Die KI hat große Fortschritte bei der Optimierung des Planeten gemacht. Meinst du, das lässt sie sich von Leuten wie dir kaputt machen? Muss ich dir erklären, was die KI von nutzlosen Essern hält? Wenn du jetzt nicht brav bist, wanderst du zu den Vollstreckern, und was die mit dir machen, kannst du dir vorstellen.

*

*

*

**Wolfgang ten Brink** ist verheiratet und hat drei erwachsene Kinder. Er schreibt Romane und Kurzgeschichten, gern aus der besonderen Perspektive von Kindern und Jugendlichen.

## Herlmut Blepp

# Lebensnacht

Alfred nahm eines der Handtücher von dem Stoß auf dem Tisch und wischte sich damit den Schweiß vom Gesicht.

„Ist das Sonnensegel offen? Mir wird so warm."

„Es ist warm", bestätigte Gerda. „Hier oben ist es immer warm, das weißt du doch, es sei denn, es ist heiß. Aber heute soll sich der Thermostat auf höchstens 30 Grad einpendeln, hat der Sprecher der Zentrale gesagt."

„Der Sprecher der Zentrale? Du hattest wieder das Dialogsystem an", stellte Alfred verärgert fest. „Du weißt doch, wieviel Energie das Ding frisst. Wir müssen sparsamer sein, sonst schaffen wir es nicht bis zur nächsten Lieferung."

„Ja, das ist mir doch klar. Aber du hast geschlafen, und ab und zu muss ich mit jemandem reden, sonst werde ich irre."

„Das ist kein Jemand. Das ist eine Maschine, und sie reagiert nur mit vorinstallierten Sprachbausteinen auf dich. Verstehst du denn nicht, dass wir uns so etwas nicht mehr leisten können!"

„Aber was leisten wir uns denn überhaupt!" Gerda wurde ärgerlich. „Ich darf mir keine Filme mehr hochladen, weil unser letzter Akku immer schwächer wird. Ich darf nicht ins Internet, weil wir das Tablet schonen müssen für Notfälle. Und deshalb erfahren wir auch nichts mehr von dem, was da unten vorgeht. Mir fällt hier einfach die Decke auf den Kopf."

„Entschuldige", gab Alfred nach, „Ich weiß ja auch, dass es nicht leicht ist, das alles auszuhalten. Wir müssen uns eben einschränken, bis die Regierung sich endlich durchgesetzt hat."

„Das glaubst du doch selber nicht. Von denen hat man seit der letzten Wahl nichts mehr gehört und gesehen. Die sitzen in ihren klimatisierten Bunkern und lassen uns hier verschmoren. Das

Einzige, was denen einfällt, sind immer die gleichen Appelle zum Maßhalten, zum Energiesparen und zum Ruhigbleiben. Und den Müll sollen wir hier oben trennen! Verdammt, ich hätte gerne Müll zum Trennen. Die rationierten Lebensmittel kriegen wir aber unverpackt in Kunststoffkisten, und das Wasser in Kunststofftanks. Ich wäre froh, wenn ich mal eine Konservendose von Papierabfall trennen dürfte, aber dazu bräuchte ich erst mal eine Konservendose und Verpackungspappe oder wenigstens einen Werbeprospekt. Eine Klopapierrolle wäre schon toll!"

Gerda hatte sich richtig in Rage geredet, aber so schnell, wie ihr die Nerven durchgegangen waren, beruhigte sie sich wieder und setzte sich mit einem resignierten Achselzucken Alfred gegenüber an den Küchentisch.

„Na, wollen wir eine Runde Mau-Mau spielen? Das lenkt ab, und wenn wir die Sonnensegel herunterlassen, bleibt auch die Temperatur erträglich."

Sie wollte schon die abgegriffenen Karten aufnehmen, doch Alfred winkte ab.

„Nein, jetzt nicht, Liebes. Ich glaube, es ist besser, wenn ich noch ein wenig ausruhe."

Er drückte auf den kleinen Knopf an der Armlehne seines Rollstuhls, und der Injektionsapparat verabreichte ihm eine Dosis seines Beruhigungsmittels, das ihn bald einschlafen ließ.

Gerda wartete ab, bis seine Atemzüge ganz gleichmäßig wurden. Dann stemmte sie sich schwerfällig aus ihrem Stuhl hoch und trat an den Rollstuhl heran, um Alfreds auf die Brust gesunkenes Kinn anzuheben und seinen Kopf an die gepolsterte Wand zu lehnen.

Sie bedauerte ihren Ausbruch. Ihr Mann konnte ja wirklich nichts dafür, dass ihre Situation so ausweglos geworden war. Sie hatten vor fünfzehn Jahren bewusst entschieden, hierher zu ziehen, ohne letztlich wissen zu können, was ihnen die Zukunft tatsächlich bringen würde. Alfred war damals schon über neunzig und sterbenskrank gewesen, die Raum-Therapie, die 2043 auf den Markt kam, deshalb seine letzte Chance. So hatten sie ihr ganzes Vermögen eingesetzt, um sich das Wohnrecht und die bahnbrechende Strahlenbehandlung in diesem Kubus zu sichern, mit dem sie seither isoliert im Orbit um die Erde kreisten. Und zunächst fanden sie ja auch Bestätigung für ihren Schritt. Die Therapie hatte Alfred gutgetan. Die degenerativen Auswirkungen seiner chronischen Erkrankung wurden weitgehend gestoppt, und sie hatten in ihrem Kubus ein zwar recht einfaches, aber gemeinsames Leben fortführen können. Dann aber geschahen auf der Erde die ökologischen Katastrophen, die unausweichlich gewesen waren, und als deren Folgen gab es Wirtschaftskrisen, militärische Auseinandersetzungen um die letzten Rohstoffe, Flüchtlingsströme in die verbliebenen Industriestaaten.

Gerda war froh gewesen, dass wenigstens die Raum-Therapie GmbH nicht pleite gegangen war, wie so viele andere Unternehmen, aber auch sie hatte den Standard ihrer Dienstleistungen senken müssen. Wie es für Notfälle im Vertrag stand, wurde seither nur noch die Grundversorgung für den Kubus gewährleistet: Nahrung, die nötigsten Medikamente, rationierte Energieträger.

Alfreds Gesundheitszustand hatte sich in den zurückliegenden Monaten kontinuierlich verschlechtert. Die Therapie schlug nicht mehr an, und Gerda wusste sehr genau, was nun bald passieren würde. Sie hatte es schon einmal vor fünfzehn Jahren miterlebt und miterlitten. In wenigen Wochen würden seine Schmerzen wieder unerträglich werden. Er würde sich wieder winden im Schlaf, wieder weinen aus Verzweiflung, stöhnend in seinem Rollstuhl kauern, von Krämpfen gequält darauf warten, dass es Zeit würde für die nächste Injektion seines Schmerzmittels. Aber diesmal würde nicht genug davon da sein. Sie erhielten schon lange nur noch die vertraglich zugesicherte Mindestmenge an Opioiden, und für zusätzliche Bestellungen hatten sie kein Geld mehr.

„Wenn wir noch Verwandte hätten“, sagte Alfred oft, „dann könnten die uns gewiss helfen.“

Natürlich wusste er, dass es da unten niemanden mehr gab, der ihnen nahegestanden hätte, aber das meinte er auch nicht, wenn er so redete. Er dachte dann an Alf, ihren einzigen Sohn, der schon vor mehr als dreißig Jahren gestorben war. In den Jahren der großen Pandemien war das gewesen, als die Menschen kaum frei zu atmen gewagt hatten, weil die ganze Welt von Viren verseucht schien.

Alf hatte hingebungsvoll im Krankenhaus gearbeitet, hatte nie die Hoffnung verloren und um jeden Patienten gekämpft, auch wenn es aussichtslos schien. Doch irgendwann nach einer Doppelschicht hatte auch seine Kraft nicht mehr gereicht. Er hatte sich in einen Ruheraum zurückgezogen, um wenigstens ein paar Stunden zu schlafen, und war nicht mehr aufgewacht. Es sei das Herz gewesen, hatte ihnen später einer seiner Kollegen erklärt. Niemand hätte um diese Schwäche gewusst.

Das ist nicht fair: Sein Kind begraben zu müssen, während der eigene kranke Leib durchhält. Alfred hatte damals nur für sie weitergemacht.

Vorsichtig erhob sie sich und ging hinüber zum Computer. Sie meldete sich mit ihrem Passwort an und stellte den Lautstärkeregler auf null. Auf dem Bildschirm erschien eine Meldung.

„Hallo, ich bin ELA vom Customer Service. Was kann ich für dich tun, Gerda?“

„Ich hätte gerne ein Update über die aktuelle Situation auf der Erde.“

„Bitte, kannst du deinen Wunsch konkretisieren?“

„Ich möchte wissen, was momentan politisch vor sich geht. Ist immer noch Krieg? Gibt es Hoffnung auf Frieden?“

„Die kriegerischen Konflikte haben seit deiner letzten Anfrage unvermindert angehalten. Die beteiligten Großmächte sind derzeit nicht bereit, Friedensverhandlungen aufzunehmen.“

„Und was bedeutet das für uns hier oben?"

„Bitte, kannst du deine Frage konkretisieren?"

Gerdas Finger fuhren hastig über die Tasten.

„Mein Mann fühlt sich sehr schlecht. Wir erwarten dringend eine Lieferung an Medizin. Außerdem geht die Zusatzenergie zur Neige. Wann kommt das nächste Versorgungsschiff?"

„Ich bedaure, dass Alfred krank ist. Eure Standardversorgung ist gewährleistet."

„Nein, diese Antwort genügt mir nicht. Zu welchem Termin kommt das Versorgungsschiff?"

„Es liegt noch kein Datum für den nächsten Frachtflug vor. Durch die Kämpfe wurde viel Infrastruktur zerstört. Die meisten Flughäfen sind stark beschädigt. Für unsere anstehenden Lufttransporte gibt es keine Freigaben der zuständigen Behörden."

Gerda hätte fast aufgeschrien, doch dann dachte sie an Alfreds unruhigen Schlaf. Hastig hackte sie in die Tasten: „Aber unser Bedarf ist lebensnotwendig. Ihr müsst liefern!"

„Eure Standardversorgung ist gewährleistet."

Sie schaute zu ihm hinüber. Er schlief nach wie vor, aber er schwitzte stark. Das war Teil der Krankheit, und umso quälender, da die Sonnenkollektoren, die außen am Kubus angebracht waren, nicht genug Energie lieferten, um auch noch die Klimaanlage zu versorgen.

„Ihr könnt uns doch hier oben nicht uns selbst überlassen! Wir brauchen diese Lieferung!"

„Die Regierung hat verfügt, dass die Versorgung extraterrestrischer Einrichtungen keine Priorität hat. Alle Medikamente wurden rationiert. Mobile Energieträger wurden aus dem Handel genommen. Ohne ausdrückliche Genehmigung darf kein ziviles Frachtschiff starten."

„Dann geben sie uns hier oben tatsächlich auf? Sie lassen uns wirklich sterben?"

Gerdas Hände rutschten kraftlos von der Tastatur.

„Eure Standardversorgung ist gewährleistet", las sie noch einmal. Dann unterbrach sie die Verbindung.

Völlig erschöpft ließ sie sich in den Rollstuhl fallen. Sie hatte Alfred ans Bett gerollt und ihre ganze Kraft aufgebraucht, um seinen mageren Leib auf die Matratze zu heben. Da lag er nun mit über der Brust gefalteten Händen, die Augen geschlossen, das Gesicht entspannt, wie schon lange nicht mehr. In der Küche vorhin hatte sie noch lange still bei ihm gesessen, hatte ihn betrachtet, während er schlief. Ab und zu hatte sich sein Körper verkrampft, wenn wieder eine Schmerzwelle durch seine Eingeweide schoss. Aber er war nicht aufgewacht davon. Irgendwann war sie schließlich aufgestanden und hatte den Behälter mit dem Beruhigungsmittel gegen den mit dem Schmerzmittel getauscht. Anschließend hatte sie den Injektionsapparat betätigt. Sechsmal. Der Schlaf ihres Mannes war danach ganz ruhig geworden. Und dann hatte er aufgehört zu atmen.

Der Behälter war noch halbvoll. Sie verband den Schlauch des Injektionsauslösers mit dem Zugang auf ihrem Handrücken und drückte entschlossen zu. Sechsmal. Zuletzt legte sie behutsam ihre Rechte auf Alfreds Schulter. Sie hatten einen langen Lebensabend erfahren dürfen. Nun kam die Nacht.

*

*

*

**Wolfgang Blepp,** geboren 1959 in Mannheim, selbstständiger Trainer & Berater (Arbeitsrecht); 4 Lyrikbände, zahlreich in Anthologien und Magazinen vertreten.

## Andreas Lukas

## Antonio im Paradies …

Ich schlendere nachdenklich durch gigantische hallenartige Gebilde. Langgezogene, nie enden wollende Gänge aus Metall, Glas und Beton begleiten mich. Der Blick nach draußen mit Sichten und Aussichten einer verlorenen Vergangenheit. Die Landschaften in pompösen Bildern und Installationen, beweglich und vieldimensional gefeiert. Betörend die Eindrücke und Perspektiven. Das Land, in dem wir lebten, ersetzt durch überdimensionale Gewölbe, Raumfantasien, Wohnblöcke und endlose, schlauchartige Passagen. Größere Plätze über zahlreiche Stockwerke die Treffpunkte der hier Lebenden, untergliedert durch weitläufige Grün-Oasen. Luxus überall, geschaffen von titanenhaft entwickelter IT und Intelligenz. Ich erinnere mich vage.

*Leben im Überfluss!*
Alles wurde leicht und einfach, jede Anstrengung uns abgenommen. Kein Schinden mehr für notwendige Nahrung, Durstlöschen oder was auch immer. Einfach Button drücken und alles wird serviert. Auch die Alltagsbeschäftigung und Unterhaltung ist perfektioniert. Keine Sekunde am Tag ohne ein zigtausendfaches Angebot zur ständigen Kurzweiligkeit in nicht zu überbietender Qualität, ob in Bild, Farbe, Ton oder mehrschichtigen Dimensionen.

Ich frage mich, ob in dieser perfekten Welt nicht irgendetwas fehlt oder nicht stimmt – viele empfingen dies ähnlich wie ich, glaube ich zumindest. Es funktioniert alles so reibungslos, ohne Störungen, ohne eigenes Zutun in unglaublicher Geschwindigkeit. Wenn ich am Morgen aufwache, strahlt Sonnenlicht von der Bildschirmdecke. Gleich wird mir Kaffee, Tee oder – was auch immer ich wünsche – dargereicht. Es öffnet sich irgendwo eine Klappe oder Lucke oder es steht ein automatisierter, intelligenter Helfer bereit. Um nichts muss ich mich kümmern, mir Sorgen machen oder nachdenken. Geht es mir einmal nicht so gut, ob Kopfdröhnen, Bauchrumoren oder sonstiges, sofort sagt mir eine sanfte Stimme, was ich machen kann und soll. Das dazu Notwendige steht in Sekunden bereit. Was will ich mehr? Ich starte frei und unbekümmert in einen Tag, kann mich in Windeseile an einen anderen Ort bringen lassen. Ob ich mediterran, afrikanisch, asiatisch, traditionelle Hausmannskost oder vegan essen will, alles kein Problem. Jede Variante ist verfügbar. Muss nur meiner Plakette am Handgelenk einen Wunsch äußern. Sofort wird er erfüllt.

Doch heute, ich weiß nicht mal genau, welchen Tag wir haben, fällt mir plötzlich auf, dass ich die geschaffenen Räume, die in unvorstellbaren Ausmaßen alles bieten, was nur möglich ist, nie verlassen habe. Es gibt gar keine Ausgänge in diesem überdimensionierten Kosmos. Ich habe nie welche entdeckt. Habe aber auch nie danach gesucht. Es gab keinen Anlass und kein Bedürfnis dazu. Ob ich ins Theater, Kino, zum Fußballspiel oder zum Schwimmen will, von unsichtbarer Hand werde ich dorthin geschleust. Meine Plakette weiß, kann und organisiert alles. Die Träume eines Paradieses erfüllt! Ich muss mir eingestehen, dass ich es – wie die meisten anderen wohl auch – in vollen Zügen nutze und genieße. Es ist auch kein Ende oder eine Begrenzung in der Vielfalt und Verfügbarkeit auszumachen. Eher werden höchstens Grenzen in meiner Fantasie und meinen Wünschen spürbar, da eh alles abgedeckt zu sein scheint.

Und dann stelle ich immer öfter fest, dass ich niemand anderen brauche, um etwas zu machen. Für alles steht eine Lösung bereit. Es geht auch den anderen so, beobachte ich. Ein weiterer gigantischer Fortschritt der Individualisierung, dem wir vor Jahrzehnten euphorisch frönten?

*Eine neue Realität …*

Unerwartet habe ich zwei gleichgesinnte Freunde gefunden. Wie ich fragen sie sich, wie das alles möglich ist, was und wer dahintersteckt. Schemenhaft kann ich in meinen hinteren Gedächtnisschleifen noch Erlebnisse erahnen wie unbekümmerte Spaziergänge durch grüne Landschaften, Wiesen und Wälder, dort die freie Luft atmen, den blauen Himmel mit seinen Wolken- und Lichtformationen bewundern, den Wind spüren und Düfte aufsaugen. Es gibt großzügige Oasenflächen, die noch daran erinnern. Alles übrige erfolgt jetzt mit einem Sekundenwisch. In leuchtenden Bildern und Projektionen wird das wiedergegeben, was wir uns vor Jahrzehnten selbst erobern konnten. Heute muss ich mich in keiner Weise anstrengen, einfach ein Wisch und alles ist möglich. Die frühere Realität tief im dunstigen Erinnerungsraum versickert.

Meine Freunde und ich, wir fragen uns, ob dies das wirklich erstrebenswerte Dasein ist, das wir uns vor Jahren vorgestellt und ersehnt haben. Genuss im Überfluss ohne Ende oder Sättigung? Wir begeben uns auf die Suche, wollen herausfinden, wie dies zustande kam, welche Umstände es ermöglicht haben und was aus all dem geworden ist, was wir nur noch diffus in den geschrumpften Hirnkanälen erspüren können.

Die alles umfassende Reizüberflutung hat unser Gedächtnis reingewaschen, unser Begehren in eine bestimmte Richtung gelenkt. Unterhaltung, bei Laune gehalten werden, genussgesättigt das bestimmt den Alltag. „The show must go on“ ist zum allgemeinen Glaubensbekenntnis geworden. Es tönt ohne Unterlass aus sämtlichen Winkeln. Ob ich auf eine Wand, an die Decke, auf den Boden oder durchs „Pseudofenster“ schaue, es strahlt mir von überall entgegen.

Haben wir in diesem Kosmos alles so erschaffen, damit wir dieses schöne, sorgenfreie Leben leben können, schwirrt unbeantwortet die Frage im Raum. Wir wollen dem auf den Grund gehen.

Ich treffe mich mit den Gleichgesinnten zum Pizzaessen in einem der vielen in den unendlichen Malls angebotenen Restaurants. Ein dumpfes Gefühl beschleicht uns. Wir wollen mehr darüber erfahren. Das perfekte Leben erscheint zu perfekt. Es muss von irgendjemandem und irgendwoher gesteuert werden. Erstaunt stellen wir fest, dass keiner von uns die vorgegebenen Wege des Schlaraffenlands je verlassen hat. Wir kamen erst gar nicht auf die Idee. Es gibt ja auch keinen Grund dazu. Alles wird geboten, alles ist vorhanden. Frag nur deine Plakette am Handgelenk.

Während wir unsere Pizza genießen, quillt eine unbändige Neugierde in uns auf. Wir beschließen, uns mal umzuhören bei den Mitwandernden auf diesen luxuriösen Pfaden. Ob sie in gleicher Weise fühlen oder überhaupt daran interessiert sind? Wir haben einige Zweifel.

Zugegeben, das Nanosekundenprogramm rund um die Uhr an allen Plätzen dieser in sich geschlossenen Welt lässt kaum Zeit, sich ein eigenes Bild zu machen. Viele haben es mit der gewohnten, kompletten Verfügbarkeit auch verlernt. Sie sind nicht mehr darin geübt und haben jeglichen Gedanken daran ausgeblendet. Und wenn du dich am gefühlten Abend zur Ruhe begeben möchtest, werden Klima, Licht und Töne im Raum ferngesteuert auf Schlafmodus gestellt. Mit der Zeit und dem Eingeübten fällt man glücklich und sorglos in den Schlaf. Auch dafür ist bestens gesorgt. Eine makellose Welt! Ein Leben im Paradies! Keine Sorgen und kein Unwohlsein stören!

Nach dem Essen begegnen wir einem älteren Herrn, der uns beobachtet hat und uns zu sich winkt. Wir folgen ihm gerne und kommen ins Gespräch. Vorsichtig deutet er an, dass wir uns in der weitläufigen Oase einige Kilometer entfernt treffen sollten. Dort könne man unter den mächtigen Bäumen und dem üppigen Grün ungestörter reden. Er wird wissen warum, denken wir uns und fragen nicht weiter nach. Am späteren Nachmittag machen wir uns dorthin auf den Weg. Wir treffen ihn gleich am Eingang unter den mächtigen Palmen. Er scheint sich hier auszukennen und führt uns tief in die Oase hinein an eine bestimmte Stelle, die regelrecht zugewuchert ist und mit einem plätschernden Wasserlauf überrascht. Ein Hauch von Urwald umgibt uns. „Hier funktionieren die Steuerungs- und Überwachungssysteme nicht ständig wegen der hohen Feuchtigkeit und dem üppigen Grün“, flüstert unser Begleiter uns zu. Meine Freunde und ich, wir starren uns fragend an. Trotzdem sollten wir leise reden, gibt er uns mit der Hand vor dem Mund zu verstehen.

*Antonio …*

Wir lassen uns hinter einem großen Busch mitten im Dickicht auf einem sandigen Boden nieder. Der ältere Herr stellt sich mit seinem Namen Antonio vor. „Ich habe an vorderster Front in der IT gearbeitet“, legt er zögerlich los. „Wir haben die selbstlernenden Systeme entwickelt und waren sehr stolz darauf. Ein Ziel dabei war, alles zu vereinfachen. Der Einzelne sollte keine Mühe mehr mit etwas haben. ‚Alles verfügbar machen‘ wurde bei jeder Gelegenheit propagiert. Euphorisch haben wir entsprechende Programme geschrieben und eifrig einprogrammiert. Unsere geschaffenen Systeme lernten sehr schnell. Sie waren überall gefragt und wurden in rasendem Tempo immer leistungsfähiger. Schließlich erreichten sie den Status, unabhängig und eigenständig etwas entwickeln und kreieren zu können. Sie erschufen dann diese Welt, in der wir jetzt leben. Wir schauten zufrieden zu und ließen sie gewähren.“

Nach einer Pause fährt Antonio fort: „Unsere Entwicklungseuphorie resultierte zwar aus einem unbändigen technischen Wissensdurst. Sie war aber nicht nur ein Selbstläufer. Beschleunigend kam die Tatsache hinzu, dass das bis dahin gepflegte Leben schon sehr bald nicht mehr möglich sein würde. Sauerstoff und Wasser wurden unbrauchbar und knapper. Wälder und Wiesen ächzten.

Holzgerippe dösten knarrend vor sich hin. Grün mutierte immer schneller zu Ocker und Gelbtönen. Trockenheit breitete sich überall aus. Das Klima wurde unerträglich. Die Menschheit hatte fast alles überreizt und viele Kipppunkte nicht beachtet. Die Zeit drängte und wir forcierten die Fähigkeiten der Systemintelligenz weiter. Es entstanden neue Lebensräume wie diese. Alle waren begeistert. Der Fortschritt wurde gefeiert. Und nun leben wir in dieser schönen, neuen Welt.“

Antonio hält inne und schaut sich prüfend um. Er erklärt uns, dass er seine Plakette außer Funktion und unerkennbar stumm schalten könne. So viel Wissen hatte er für sich noch retten können. Wenn er dann etwas brauche, frage er andere, die für ihn aktiv werden. Er geht nicht weiter darauf ein. Auf diese Idee muss man erst einmal kommen und es auch umsetzen können, staune ich. Dann schwört er uns darauf ein, mit niemandem darüber zu sprechen, was er uns erzählt hat. Dabei schaut er uns lange schweigend an. Als er fortfährt, erklärt er, dass alles wunderbar funktionierte. Er und seine Genossen hatten hervorragende Arbeit geleistet. Jedoch realisierten die Entwickler nicht wirklich, dass am Ende niemand von ihnen mehr gebraucht werde. Sie hätten sich selbst überflüssig gemacht. Alles Wissen wurde automatisch verfügbar und könne ohne menschliches Zutun optimiert und genutzt werden. Die Menschen büßten mangels Inanspruchnahme sehr schnell ihre kognitiven Fähigkeiten ein und konnten mit den Systemen nicht mehr mithalten. Wir seien ihnen jetzt regelrecht ausgeliefert. Er müsse tragischerweise auch feststellen, dass es nicht gelungen sei, einen wichtigen – wenn nicht sogar den wichtigsten Faktor in die Intelligenz-Systeme zu implementieren – das Menschsein mit allen seinen Ausprägungen, Farben und Schattierungen. Und da die Systeme sich inzwischen komplett selbst steuerten, sei dies nicht mehr möglich. Vielleicht sei es auch überhaupt nie machbar gewesen.

Geschockt schauen wir zuerst uns und dann Antonio an. Er wird plötzlich unruhig und deutet uns mit dem Zeigefinger vor den Lippen an zu schweigen. Er gibt uns zu verstehen, dass wir unser Treffen beenden sollten. Mit flüchtigem Handzeichen verabschiedet er sich und verschwindet eilig hinter dem dichten Busch. Wir konnten ihn nicht mehr fragen, ob wir uns wieder treffen könnten.

Schweißgebadet schrecke ich aus meinem Schlaf auf. Mein erster Blick zum Fenster, das ich während einer warmen Sommernacht wie diese immer offen habe, zeigt mir den blauen, schon hellen Himmel und die mit dem Wind wogenden Baumkronen. Ihr leises Wipfelrauschen flüstert mir zu: „Es war und ist nur ein Traum. Noch sind wir hier! Noch!"

*

*

*

**Dr. Andreas Lukas**, aufgewachsen im Saarland, Schriftsteller, freier Journalist, Mitglied und Juror der *Gruppe 48*, Preisträger des Hildesheimer Literatur-Wettbewerb 2022, Publikumspreis. Seine Werke spielen im täglichen Leben von uns allen. Beobachtungen und Begegnungen sind Inspiration und Ansporn für sein Schreiben.

Doris Hecht-Aichholzer

## Celia forever

Wer würde heute wohl die Erste am Frühstückstisch sein, Celia oder sie? Emma rieb sich verschlafen die Augen. Sie zwang sich zum Aufstehen, zog sich an und schleppte sich ins Bad. Das kalte Wasser, mit dem sie sich das Gesicht wusch, machte sie wach. Nun setzte sie sich schnell ihre neuen Smartlinsen ein. Die Welt sah jetzt gleich besser aus.

„Mit diesem Modell werden sie ihre Schwester mit ganz neuen Augen sehen“, hatte ihr der Marketingchef von „Future Vision“ versprochen. Die Firma hatte Emma nach Celias Unfall angeboten, die Linsen gratis zu testen. Sie musste dafür nur alle drei Monate einen Fragebogen ausfüllen.

Celia stand plötzlich neben ihr. Sie wirkte heute besonders strahlend.

„Wer schneller unten ist“ rief Emma und rannte los.

Sie nahm zwei Stufen auf einmal, doch Celia war trotzdem vor ihr in der Küche.

„Na bravo!“, murmelte Emma enttäuscht.

Wieder war die Schwester Erste geworden und sie war mit dem Frühstück machen dran.

Emma stellte zwei Schalen auf den Tisch, nahm dann die Frühstückstube aus dem Schrank, drückte die Paste in die beiden Gefäße, goss mit heißem Wasser auf und legte je einen Strohhalm für Celia und sich bereit, damit sie das Gemisch trinken konnten.

„Ich hab heute in der zweiten Stunde Mathe-Schularbeit“ sagte sie zu ihrer Schwester.

Bevor diese antworten konnte, betrat die Mutter die Küche.

„Warum machst du immer noch für Celia Frühstück?“ fragte sie mit gerunzelter Stirn.

„Soll sie etwa gar nichts essen?“ fragte Emma.

Die Mutter drehte sich weg, riss ein Stück Küchenrolle herunter und tupfte sich damit eine Träne ab.

Emma hoffte, dass sie nicht wieder anfangen würde, von der heilsamen Kraft der Tränen zu reden. Und dass man sich dem Schmerz stellen müsse. Solange ihre Schwester bei ihr war, fühlte sie keinen Schmerz.

Der Vater kam herein.

„Na, meine Damen, wie ist denn das werte Befinden?“ fragte er.

Sein Blick schweifte durch die Küche und blieb an seiner Frau hängen. Er trat zu ihr und legte ihr den Arm um die Schultern. Sie machte mit dem Kopf eine Bewegung zum Tisch hin.

Der Vater bemerkte die beiden Becher am Tisch und seufzte.

Er wandte sich Emma zu.

„Na Mädel, vermisst du deine Schwester?“

„Wie bitte? Warum soll ich sie vermissen? Sie sitzt ja hier neben mir!“

„Emma! Du weißt schon, dass es einen Unterschied …“

„Hab keine Zeit für lange Vorträge. Wir müssen in die Schule, Celia und ich.“

„Wo hast du meine Handschuhe hingetan?“ rief sie ihrer Mutter zu.

„Emma, es hat heute 24 Grad. Ich glaube nicht, dass du bei den Temperaturen Handschuhe…“

„Du bist so gemein!“ rief Emma.

„Immer versteckst du meine Handschuhe. Du weißt ganz genau, dass ich sie brauche! Dann gehen wir halt, ohne uns an den Händen zu halten!“

„Muss das Händchenhalten wirklich sein? Du bist schon 14!“

„Hauptsache du und Papa haltet Händchen! Aber bei euch ist das natürlich etwas ganz anderes! Ich muss doch auf Celia aufpassen! Wenn etwas passiert, dann bist du schuld!“

Sie rief Celia zu: „Trödel nicht, Celia, komm endlich!“

Mit diesen Worten stürmte sie aus dem Haus.

Die Eltern starrten einander an.

„Ich halt das nicht mehr aus. Gerade am heutigen Tag“, sagte die Mutter.

„Es hilft ihr doch!“

„Aber zu welchem Preis! Wir müssen heute nach der Schule mit ihr reden! Noch bevor wir aufbrechen. So kann es nicht mehr weitergehen!“

Als Emma von der Schule nach Hause kam, warteten ihre Eltern schon auf sie.

„Komm, setzen wir uns an den Küchentisch. Wir müssen mit dir reden.“

Wortlos setzte sich Emma auf ihren Platz und starrte über ihre Eltern hinweg die Wand an.

„Die Linsen müssen weg!“ sagte die Mutter.

„Aber ihr wart doch auch dafür! Papa, sag doch was! Du warst genauso begeistert wie ich!“

„Ja, stimmt. Aber ich seh das jetzt anders.“

„Die Psychologin hat auch gesagt…“ sagte Emma.

„Die Psychologin hat sich geirrt. Ich habe ihr geglaubt, als sie gesagt hat, dass es dir helfen wird, wenn Celia virtuell bei dir ist“, sagte der Vater.

„Es hilft mir doch!“

„Wir glauben, dass du nicht mehr unterscheiden kannst, was echt ist, und was nicht“ sagte die Mutter leise.

„So ein Blödsinn!“ rief Emma.

„Wir machen uns Sorgen, wenn du mit der Projektion redest, als wäre es Celia. Die Linsen müssen weg!“ sagte die Mutter noch einmal.

„Celias Unfall ist heute genau ein Jahr her. Wir möchten, dass du heute endlich einmal mit uns auf den Friedhof gehst. Du warst noch nie bei ihrem Grab. Sie ist tot, Emma. Auch wenn du dir noch so wünschst, dass sie am Leben ist.“

Emma sagte nichts mehr. Sie nahm die Linsen aus den Augen und ließ sie auf dem Tisch liegen. Außerhalb des Etuis, das zum Reinigen und Aufladen diente, wenn sie nicht getragen wurden, würden sie nicht mehr lange funktionieren.

Mit hängenden Schultern ging Emma in ihr Zimmer.

„Soll ich ihr nachgehen?“ fragte die Mutter.

„Lass sie, sie muss das erst verarbeiten“, sagte der Vater.

Eine Stunde später brachen die drei zum Friedhof auf. Emma hatte den Blumenstrauß aus Sonnenhut, Astern und Hortensien selbst ausgesucht, den sie auf das Grab ihrer Schwester legte. Die Mutter hatte ihr bestätigend zugenickt und dem Vater still die Hand gedrückt. Die Eltern wirkten auf dem Rückweg erleichtert. Sie gingen voraus und hielten sich an den Händen.

Emma schlenderte mit etwas Abstand hinter ihnen her. Sie trug die neuen Kontaktlinsen, die sie bereits vor der Aussprache mit den Eltern bestellt hatte. Heimlich, denn sie hatte deren Skepsis schon länger gespürt. Am Computer ihres Vaters und mit seiner E-Mail-Adresse war sie auf die Firmenwebsite gegangen und hatte die Änderung des Lieferortes online durchgeführt. Balkon statt Haustüre. Ganz einfach. Die gesendete Mail hatte sie anschließend gelöscht und auch den Papierkorb geleert. Ihr Vater war kein Technik-Profi. Er würde nie draufkommen, dass sie in seinem Namen geschrieben hatte.

Die Drohne hatte ihr die Kontaktlinsen bereits gestern Abend auf den Balkon vor ihrem Fenster geliefert, sie hatte aber in der Früh zu wenig Zeit gehabt, das Paket auszupacken. Emma war glücklich mit den neuen Linsen. Die Miniaturelektronik hatte sich stark verbessert und das Micro LED Display war viel leistungsstärker. Celia sah besser aus denn je.

„Mach dir nichts draus, dass sie dich nicht sehen können!“ sagte

Emma leise zu ihr. Sie holte verstohlen den Datenhandschuh aus der Tasche und streifte ihn über, bevor sie ihrer Schwester die Hand reichte. Sie spürte den festen Händedruck Celias.

„Wir halten zusammen. Dir kann ich alles erzählen. Du verstehst mich besser als jede Freundin. Die Eltern sind alt und kriegen vieles nicht mit. Wir zwei werden immer miteinander in Verbindung bleiben. Ewig."

*

*

*

**Doris Hecht-Aichholzer,** geboren 1968 in Villach, lebt in Wien. Studierte Germanistik und Publizistik an der Universität Wien, wo sie in der Universitätsverwaltung tätig ist. Sie schreibt Prosa und publiziert in Anthologien und Literaturzeitschriften. Derzeit arbeitet sie an einem Roman.

E.Ch. Neubauer; „Türme“ aus paperclay, gebrannt (2017)

## Norbert Autenried

# Erinnerte Visionen

Er blickte aus dem geöffneten Dachflächenfester. Gegenüber, auf der anderen Seite der Straße, war heftiger Baubetrieb im Gange. In aller Frühe war er vom Baulärm geweckt worden. Die Mauern des Erdgeschosses des Einfamilienhauses gegenüber standen schon, gerade hievte ein Kran Fertigbetondecken auf die Rohbaumauern. Arbeiter riefen sich etwas zu, was er nicht verstand. Der Kran quietschte, die Drahtseile ruckten vernehmlich. Ein Lastwagen kam heran, der Fahrer stieg aus und ging auf einen der Bauarbeiter zu. Der wies mit Hand die Straße entlang – offensichtlich suchte der Lastwagenfahrer eine andere Baustelle.

Er selbst und seine Familie waren die ersten gewesen, die hier im neu ausgewiesenen Neubaugebietes des Fünftausend-Seelen-Markts gebaut hatten. Er war neugierig auf jeden neuen Nachbarn, ja er freute sich darauf. Mit diesem Hausbau hatten sich seine Frau und er in Wagnisse gestürzt: In erster Linie natürlich in ein finanzielles, dann aber auch in ein soziales: Gelänge der Sprung von der Stadt aufs Land? Was würde aus den Sozialkontakten, die in der Stadt so selbstverständlich gewesen waren? Würde man sich hier eingewöhnen, respektiert werden, in einem Ort, wo fast jeder jeden kannte und man – so sagte man - erst in der dritten Generation als „ortsansässig“ galt?

Er weitet seinen Blick, ließ ihn über sein Gegenüber hinwegschweifen. Unmittelbar daneben unbebaute Grundstücke, teilweise vom Straßenbau zerwühlt, alle mehr oder weniger unkrautbewachsen. Hinter den Grundstücken dehnten sich die Felder aus: goldgelber Raps, frischgrüne Sommergerste und der Mais, gerade so aus dem Ackerboden spitzend. Wo sich das Gelände zum entfernten Bach hin senkte, der hinter dem schmalen Auwaldstreifen mehr zu erahnen als zu sehen war, erblickte er geradeso das verwitterte Dach der alten Sägemühle. Ganz am Horizont der Kiefernwald – nicht einmal schemenhaft durch den Frühnebel zu erkennen. Er wusste aber, dass er da war.

Er blickte aus dem geöffneten Dachflächenfenster. Gegenüber, auf dem Parkstreifen stand das Hymer-Mobil des Nachbarn und mehrere PKW, alle ließen sich unschwer verschiedenen Nachbarn zuordnen. Der VW-Golf dem zur rechten Hand. Diese Familie hatte vor drei Jahren mit drei halbwüchsigen Kindern - alle älter als seine eigenen - gebaut. Und der Ford Fiesta zur linken gehörte einem älteren Ehepaar, das sehr zurückgezogen lebte. Das Hymermobil parkte unmittelbar vor dem Gartentor seines Nachbarn gegenüber. Vom Garten und Haus gegenüber sah man nur den holzverkleideten Giebel, die meterhohe Tujahecke um das Grundstück bildete einen grünen Riegel und wies neugierige Blicke ab. Dafür war selbst von hier das Werbeschild auf der Garage zu lesen: Glaserei Franz Vogel, darunter die Leistungen des Betriebs und die Kontaktdaten. Alle drei Häuser ähnlich, vom selben Bauträger errichtet.

Er sah, wie die drei Kinder des Nachbarn gegenüber, ein zehnjähriger, kräftiger Junge und seine zwei jüngeren Schwestern, die Gartentüre öffneten, auf den Gehsteig traten und vorbildlich am Rand des Gehsteigs nach links und rechts sahen, um die Straße zu überqueren. Gleich würden sie an seiner Haustür klingeln und fragen, ob sie mit seinen zwei Söhnen, ungefähr im gleichen Alter, spielen könnten. Zusammen mit dem Nachbarjungen der Familie, die ihr Haus auf dem Grundstück über ihm gebaut hatten, waren sie in der Straße als die „kleinen Strolche“ bekannt – tatsächlich fiel ihnen viel ein, was nicht unbedingt auf das Entzücken der Anwohner stieß.

Zufrieden blickte er zu den Kindern hinunter, die gerade auf die Straße traten. Eigentlich war alles so gekommen, wie er es sich gewünscht hatte: Seine Kinder wuchsen in einer freien, natürlichen

Umgebung auf, zu manchem Nachbarn hatte man freundschaftliche Bande geknüpft, da war es nicht so bedeutend, dass andere Verbindungen abgerissen waren.

Er weitete seinen Blick, ließ ihn über sein Gegenüber hinwegschweifen. Hinter den Grundstücken mit ihren Einfamilienhäusern dehnten sich die Felder aus: goldgelber Raps, frischgrüne Sommergerste und der Mais, gerade so aus dem Ackerboden spitzend. Wo sich das Gelände zum entfernten Bach hin senkte, der hinten dem schmalen Auwaldstreifen mehr zu erahnen als zu sehen war, erblickte er geradeso das verwitterte Dach der alten Sägemühle. Ganz am Horizont der Kiefernwald – nicht einmal schemenhaft durch den Frühnebel zu erkennen. Er wusste aber, dass er da war.

Er blickte aus dem geöffneten Dachflächenfenster. Gegenüber, auf dem Parkstreifen stand das Hymer-Mobil des Nachbarn und mehrere PKW, alle ließen sich unschwer verschiedenen Nachbarn zuordnen. Das Hymermobil stand unmittelbar vor dem Gartentor des Nachbarn. Schon seit zwei Jahren war der Nachbar nicht mehr damit weggefahren. Seit die Kinder aus dem Haus waren, wollte sein Frau mit dem Wohnmobil nicht mehr verreisen .Das Fahrzeug sah etwas heruntergekommen aus. Vom Garten und Haus gegenüber sah man nur den holzverkleideten Giebel, die meterhohe Hecke bildete einen grünen Riegel und wies neugierige Blicke ab. Auf dem Werbeschild auf der Garage war zu lesen: Glaserei Ronald Vogel, und darunter die Leistungen des Betriebs und die Kontaktdaten – der Sohn hatte die Firma vom Vater übernommen. Ja. Auch seine Kinder waren aus dem Haus und neue Nachbarn über ihm eingezogen: Nach der Scheidung waren die alten, beinahe Freunde gewordenen Nachbarn, ausgezogen. Vom neuen sah und hörte man nichts. Dafür umso mehr vom Verkehr am neu gebauten, nahen Kreisel am Ortseingang.

Er weitete den Blick. Hinter dem Haus gegenüber das mäßig geneigte, aus roten Blechelementen gefügte Dach von EDEKA, das den Kreisel am Ortseingang verdeckte. Noch dahinter, gerade so zu sehen, der Flachbau von Lidl. Links am Rand spitzte das Autohaus Bauer hervor. Und hinter dem Kreisel, der sich erfolgreich versteckt hatte, eingeschossige containerartige Flachbauten, die einem Friseur und einer Fliesenfirma Unterschlupf gewährten. Noch war er zu sehen, der Auwaldstreifen, wenn man auch wusste, dass hinter ihm und dem Bach das neue Gewerbegebiet in der Senke Platz gefunden hat. Der schüttere Kiefernwald war dem Gewerbegebiet zum Opfer gefallen.

Er blickte aus dem geöffneten Dachflächenfenster. Der Nachbar gegenüber war längst in die Stadt gezogen, ein neuer Besitzer hatte sich noch nicht gefunden. Das Haus sah grau und unwirtlich aus, die Jalousien im Erdgeschoss waren halb heruntergelassen, eine hing schief in den Schienen. Der holzverkleidete Giebel hatte eine graubraune Verwitterungsfarbe angenommen. Tatsächlich hing noch immer das verblasste Schild der Glaserei Vogel auf dem Garagentor. Wozu? Das Haus sah man nun deutlich – keine Hecke schützte mehr vor neugierigen Blicken – aber worauf hätte man auch neugierig sein sollen? Der einstmals gepflegte Rasen hatte sich in eine Art Steppe verwandelt mit Disteln und Hartgräsern, er war dem Verbot des Gießens ebenso zum Opfer gefallen wie die Hecke, sein eigener Garten sah nicht viel anders aus. Was sollte man machen? Seit nicht einmal mehr die Hälfte der üblichen Niederschläge fiel und sommerliche Temperaturen häufig 40 Grad erreichten, musste man Wasser sparen. Er dachte an die Zeit, als man bedenkenlos duschen konnte, als er den Rasensprenger stundenlang laufen ließ, unter dem sich die Enkel vergnügten. Dahin, dahin. Wütend war er schon lange nicht mehr, aber wehmütig-traurig.

Ach, wenn es wenigstens nicht so still wäre! Wie hatte er über den Verkehr, den Lärm der Fahrzeuge geschimpft. Er hatte vor Jahrzehnten sogar eine Bürgerinitiative ins Leben gerufen, um den Verkehr aus seiner Straße zu verbannen. Viele hatten damals das

Vorhaben unterstützt, schließlich hatten viele kleine Kinder. Und jetzt? Kinder in seiner Straße - Fehlanzeige. Viele von damals, als er gebaut hatte, gab es nicht mehr, verzogen, verstorben. Seltsam, dass keine jungen Familien zugezogen waren. Einige wenige Alte lebten noch allein in ihrem Haus, so wie er. Und heute hätte man auch keine Angst um die Kinder zu haben brauchen. Die Autos waren so programmiert, dass selbst ein unvorhergesehenes Ereignis sie ohne menschliches Zutun zum Stehen brachte. Das war schon deshalb notwendig, weil man die heutigen Elektroautos praktisch nicht mehr hörte. Es war eben alles still. Furchtbar fand er und wunderte sich, wie er früher hatte anders denken können.

Ungern weitete er den Blick. Hatte er früher über das Einkaufszentrum hinweg auf die – schon damals Restnatur - schauen können, so wurde ihm das nun verwehrt. Hintern der Häuserzeile erhob sich nun ein dreistöckiger Klotz, ein fensterloser Flachbau. Mit einer kolossalen Isolierung versehen sperrte man das Innere des Gebäudes von Kälte und Wärme aus und suchte so Energie so gut wie möglich zu sparen. Alle Läden und Geschäfte befanden sich nun in einem Haus. Er ging nicht gern dorthin, musste aber wohl bisweilen, auch wenn er sich immer häufiger den täglichen Bedarf durch den Discounter liefern ließ. Im neuen Geschäftsbau gab es kaum mehr Personal: das Beschicken der Regale, selbst die Information wurde von intelligenten Robotern erledigt. Er war früher, nach dem Tod seiner Frau, gerne Einkaufen gegangen. Es wusste auch, warum. Es waren die Gespräche mit Nachbarn und Bekannten, die man beim Einkaufen traf. Belanglos zwar, die Unterhaltungen, aber aus heutiger Sicht? Und dazu noch die gelegentlichen Frotzeleien mit den Angestellten des Supermarkts – er lächelte schmerzlich, als er daran dachte. Selbst das Kassenpersonal war schon lange durch Scanner ersetzt.

Eigentlich war es nicht schade, dass ihm der Kommerzbau nun den Blick auf die Landschaft ganz verwehrte. Die alte Sägemühle gab es schon länger nicht mehr, ebenso wenig wie den Bach, an dem sie gelegen war. Das heißt, das Gebäude der Sägemühle existierte noch, oder das, was von ihr übrig war: ein vor sich hin bröselnder Sandsteinbau - aufgegeben, in Bälde würde er wohl verschwunden sein.

Verschwunden wie schon Jahre zuvor der Auwald mit seinen Zitterpappeln und Erlen, nichts mehr übrig, nach dem Bach vertrocknet.

Wie sein Garten und sein Leben.

*

*

*

**Dr. Norbert Autenrieth,** 1950 in Nürnberg geboren, beschäftigt sich mit Mundart und hochdeutschen Texten. Er ist Sprecher des Collegiums Nürnberger Mundartdichter, 2. Vorsitzender des AutorenVerbands Franken, Mitglied im *Pegnesischen Blumenorden* und bei den *Wortkünstlern Franken.* Erfolgreiche Teilnahme an Literatur-Wettbewerben; zahlreiche Buch- und in Anthologieveröffentlichungen (zuletzt *Mer red ja ned, mer sachd ja bous* Verlag Nürnberger Presse 2022)

## Wolf-Ulrich Cropp

### Warum?

Um Gotteswillen - warum nur! Dein Bild hängt an der Wand, gleich neben meinem Schreibtisch. Dutzende Male betrachte ich es – und spreche mit dir, schaue in deine blauen Augen, mit dem nachdenklich-ernsten Blick und manchmal kommen mir die Tränen. Du warst meine einzige Tochter, mein Schatz und mein Stolz! Ich habe deinen starken Willen, deine Intelligenz, dein Engagement und deinen Mut bewundert. Habe dich bestärkt in deiner Unbeugsamkeit was dein großes Anliegen anging: Die Bewahrung und den Schutz der Umwelt. Ja, darin hast du einen Eifer gezeigt, der mir Bewunderung, aber auch Besorgnis abrang. Du warst auf dem Weg Karriere für die Umwelt zu opfern. Nobel! *Fridays for Future*, dann *Letzte Generation* waren deine besonderen Engagements … bis zum Tag deiner Resignation. Wo blieb deine Resilienz, jene Stärke, die äußere Einflüsse nicht in dein Inneres ließ? Ärzte vermuten eine posttraumatische Verbitterung, die sich bei dir fundamentiert haben könnte.

Warum? Mensch, Christin, du fehlst mir so sehr! Ewig denke ich an dich, bekomme dich nicht aus meinen Gedanken. Habe ich dich auf dem Gewissen? Als du mich nach der Zukunft fragtest? Nahm ich dir den Optimismus. Hast du den Glauben an den Sinn deiner Aufgabe verloren? Hatte ich dir die Illusion vom Leben im Einklang mit Natur und Umwelt geraubt? Wie kann ich mich entschuldigen, dich um Verzeihung bitten? Ich, als dein Vater, habe viele Fragen, unbeantwortete Fragen, die Schmerzen bereiten, weil du mir nicht antworten kannst.

Nun hadere ich gar mit meinem Beruf als Wissenschaftler, weil ich an der Welt von Morgen arbeite. Mir vorstelle, wie sich diese Welt von Morgen gestaltet. Du aber erschrakst, hattest dich abgewandt, warst über meine Sichtweise und die Rasanz der Forschung verzweifelt. Hattest mich verflucht. Verflucht, dass dein Vater am Frevel wider die Natur beteiligt ist!

Ich bin Neurotechnologe, Kognitionsforscher, arbeite in einem KI-Labor an einer Forschung mit ungewissen Ergebnissen. Das hatte dir Angst gemacht. Bin ich deshalb ein Verbrecher, ein Mörder, einer der Monster entwickelt, die Zerstörung schaffen?

*Sag es mir, Christin, schrei es mir ins Gesicht!*

Ist Robert Oppenheimer, der Vater der Atombombe, ein ebensolcher Verbrecher? Wissenschaftler sind für Forschung und Entwicklung verantwortlich. Die Politik verantwortet die Verwendung der Resultate. Oder ist das zu einfach, verantwortungslos oder zynisch?

Ich weiß nur, dass ich leide, unendlich traurig bin, dich, geliebte Tochter, verloren zu haben. Unsere Ziele sind unvereinbar, verlaufen diametral im Nirgendwo. Du, als die Bewahrerin und Pflegerin von Mutter Erde. Ich, der Futurologe, Mit-Gestalter einer Welt von Morgen. Das hat mir mein Teuerstes geraubt. Ich bereue es, doch ändern lässt es sich nicht!

Mein Bemühen dich angstfrei, aufgeschlossen, tolerant zu erziehen, ist misslungen. Zukunftsangst hat dich übermannt und dich von mir entfernt. Das macht mich unglücklich, weil ich versagt habe, weil ich dir meine Welt nicht richtig erklären konnte.

So oft ich dein Bild sehe, höre ich, was du sagtest: *„Deine Welt ist nicht die meine!“*

Damit bis du verschwunden. Für immer? Ich weiß es nicht! Und mir kommen dann stets die Tränen. Ich weiß gar nicht, ob ich dir oft genug gesagt habe, dass ich dich liebe, dass du der wichtigste, wertvollste Mensch in meinem Leben warst. Und dass du das bis heute immer noch bist. Auch wenn du mir jetzt nicht mehr antworten kannst und weit, weit weg bist.

Ich muss mir den Schmerz von der Seele schreiben, um nicht zu verzweifeln, um nicht deinen Weg gehen zu müssen. Meine

Überzeugung, was unsere Zukunft angeht, ist zu fest verankert, ich kann sie nicht verraten – um deinetwillen, um dir zu gefallen. Also halte ich Zwiesprache, erkläre dir was kommen wird, auch in der Gewissheit wie sehr ich dir deine Sehnsuchtsträume zerstöre. Verzeih mir!

Schon die nächste, mit Sicherheit die übernächste Generation wird eine gänzlich andere sein. Und diese veränderte Zukunft bewirkt KI, die Künstliche Intelligenz durch Entwicklung und Umsetzung. Auf diesem Forschungsgebiet setzen China und die USA enorme finanzielle Mittel ein. Europa ist mit Deutschland auch dabei, wenngleich verhaltener, weil bürokratische und moralische Hürden höher stehen. Hinzu kommt ein anders geartetes Demokratie- und Humanitätsverständnis.

*Wieso?, fragst du.*

Nun, das zeigt sich im Umgang mit Flüchtlingen, der Freiheit des Individuums, der Verfolgung und Bestrafung von Terroristen und Verbrechern, oder bei der Durchsetzung von Zielen nationalen Interesses. Außerdem ist höchst ungewiss, wie sich die EU künftig gestaltet. Mit der Ukraine? Mit der Türkei? Oder zerfällt die Staatengemeinschaft?

*Das wäre eine Katastrophe!, sagst du.*

Bei meiner mittel- bis langfristigen Betrachtung unerheblich!

*Warum?*

Ganz einfach, wegen der zu erwartenden, enormen Veränderung. Risiken, die an einer Vormachtstellung Chinas, der EU, der USA oder Russlands zweifeln lassen: China droht politische Instabilität, könnte sich zudem wirtschaftlich übernommen haben. Die EU leidet an Uneinigkeit. Die USA spalten ethnische Auseinandersetzungen und Polarisierung. Russland, immer unter irgendeiner „Knute" seiner Herrscher gelitten, fehlt es an Initiative und Innovationen.

*Das trifft doch auch für China zu! Die Unfreiheit, meine ich.*

Das ist zwar richtig, doch die Chinesen sind enorm arbeitsam, zukunftsorientiert und geschickte Kaufleute.

*Aber Vater, bist du etwa ein Rassist?*

Ganz und gar nicht! Doch so wie du, oder eine Familie, hat auch ein Volk gewisse charakterliche Eigenarten. Das zeigt sich doch in den unterschiedlichen Kulturen.

*Und wem wäre denn noch eine Führungsrolle zuzutrauen?*

Unter Umständen Indien.

*Trotz der strengen Trennung durch deren Kasten?*

Die werden überwunden. Liebe Christin, es wird sich schließlich der Staat durchsetzen, der als erster und am „brutalsten" den mit Hilfe von KI kreierten „Supermenschen" einsetzt und wirken lässt.

*Das ist ja entsetzlich! Das darf niemals geschehen!*

Ob Angst davor, Ablehnung, Unvorstellbarkeit … wir werden ihn bekommen, den Menschen mit dem „unendlichen" Wissen. Elon Musk investiert seit Jahren erhebliche Summen, die die Verknüpfung von digitalem Wissen mit dem menschlichen Gehirn herstellen wird. Sein Projekt „Neuralink" erhielt vor kurzem die FDA-Zulassung.

*Was ist das für eine schreckliche Genehmigung, frage ich dich?*

Eine US-Erlaubnis der „Food and Drug Administration" sein Forschungsprojekt weiterzuführen.

*Oh Vater, auch wenn ich das Ganze höchst unmoralisch, grauenhaft und Gott spielen wollen finde, wie wirkt sich das aus?*

Brain-Computer-Interface musst du dir als Schnittstelle zwischen Gehirn und Computer vorstellen. Dadurch können Chips dem menschlichen Gehirn implantiert werden und kommunizieren. Ob Musk, anderen Investoren, oder Wissenschaftlern das Vorhaben gelinkt, ist nur eine Frage der Zeit.

*Das möchte ich nie und nimmer erleben!*

Mit Hochdruck arbeiten die USA, auch Deutschland mit Siemens an einem Quantencomputer, der mehrere Millionen Mal schneller Operationen verarbeiten als herkömmliche binäre Rechner. Mit einer solchen Technologie ließen sich komplexe Probleme in Millisekunden lösen. Bei einer neuronalen Verknüpfung mit der Leistung des Quantencomputers würden sich derartige Operationen unmittelbar im menschlichen Gehirn abspielen können. Wahrscheinlich sogar mit implantierten Chips im Nanobereich. Diese, mit dem eigenen und dem „unendlichen" digitalen Wissen ausgestatteten Personen werden die Welt beherrschen. Vielleicht gar andere, neue Staatengebilde schaffen können.

*Mein Gott – die Apokalypse des Menschseins!*

Nein, nein, bedenke die enormen Chancen für die Gesundheit, die Medizin und in vielen weiteren Gebieten. Natürlich bergen Fortschritte auch gefährliche Risiken. Klar ist jedoch, dass ich nicht von Hirngespinsten spreche, vielmehr von der Zukunft in fünfzig Jahren. Wissen war schon immer Macht. Doch das neue Wissen wird übermächtig!

Was sagst du dazu: Bosten Dynamics hat neulich einen Roboter vorgestellt, der auf menschliche Gedanken reagiert. Damit gedankliche Wünsche, auch Befehle, ausführt. Das bedeutet: Du hast gerade Lust auf ein Glas Weißwein. Der Roboter begibt sich selbständig zum Kühlschrank, holt die richtige Flasche heraus, öffnet sie und schenkt dir in ein passendes Glas ein. - Auch das Lügen wird in absehbarer Zeit keinen „Erfolg" haben, weil Gedanken gelesen werden können.

*Mit einer solchen Roboterleistung könnte ich noch leben. Aber das Gute bringt das Böse und umgekehrt. Wie muss man sich das künftige Leben der Menschen vorstellen?*

Als klar getrennte Dreiklassengesellschaft. In Herrscher, Menschen mit dem direkten Zugriff auf das „unendliche" Wissen mittels implantierten Chips, dann Roboter mit künstlicher Superintelligenz und Beherrschte, denen das Wissen vorenthalten wird. Im Grunde ist das keine neue Situation, allerdings wird die Trennung zwischen Wissenden und Unwissenden ungleich folgenschwerer sein. Das hängt mit der dritten Kraft zusammen, dem autonomen Roboter mit menschlichen Eigenschaften.

*Das erinnert mich an finsteres Mittelalter mit Versklavung und Inquisition.*

Da bin ich anderer Meinung. Ich sehe die umwälzende Entwicklung nicht als Bedrohung oder Horror, vielmehr als eine nächste, ja unausweichliche Stufe in der Entwicklungsgeschichte der Menschheit.

*Vater, wie kannst du so etwas gutheißen? Das ist doch das definitive Ende des natürlichen Menschen!*

Ja, damit hast du recht. Doch es ist die einzige Möglichkeit weiter zu existieren, wenn auch auf eine veränderte, vielmehr auf eine angepasste Weise – und daran arbeite ich.

*Und für den Packt mit dem Teufel hasse und verachte ich dich!*

Stephan Hawkins sagte voraus, dass ein Großteil der Erdbewohner in den nächsten einhundert Jahren diesen Planeten zu verlassen hat. Mit dem Supermenschen wird es gelingen, dass der Mars oder ein anderer Planet eine zusätzliche Heimat des Menschen werden kann. Extraterrestrisches Leben wird notwendig, weil die Klimaveränderung nicht aufzuhalten ist …

… *Sie muss gestoppt werden! Ist meine Forderung.*

Da widerspreche ich dir. Trotz aller Bemühungen wird das nicht gelingen. Und die natürlichen Ressourcen der Erde sind endlich, schon bald werden sie verbraucht sein.

*Warum, um alles in der Welt, ist die Erderwärmung nicht zu reduzieren?*

Weil es keine Alternative zum Wachstum gibt!

*Wachstum, Wachstum, immer diese schlimme Forderung das Wachstum zu steigern.*

Wachsen oder weichen. Schlimm, dennoch unvermeidlich. Wachstum hält den Kreislauf in Gang und am Leben. Ohne ihn entstehen globale, blutige Auseinandersetzungen, unvorstellbare Hungersnöte, wirtschaftliche Zusammenbrüche und vieles Schreckliche mehr.

*Es wird doch prognostiziert, dass die Erdbevölkerung in den nächsten fünfzig Jahren abnimmt. Damit wäre eines der drängenden Probleme gelöst, das der Übervölkerung.*

Ist mir bekannt. Die Voraussetzung der abnehmenden Erdbevölkerung ist die steigende Industrialisierung in den Entwicklungsländern. Und was bedeutet das? Wachstum! Erderwärmung! Zugriff auf die letzten Rohstoffe! Der Wachstumszwang ist nicht nur wirtschaftlich begründet, sondern körperlich wie geistig im menschlichen Gen, oder im Großhirn verankert. Die Verortung überlasse ich dir.

*Und dann? Wie wird sich das Leben gestalten nach all den düsteren Seiten durch KI ausgelöst? In meinem Kopf kreisen Gedanken um Weltdiktatur, totale Überwachung, die selbst Orwells „1984" als harmonisches Miteinander erscheinen lässt.*

Eine gute Frage. Ich stelle mir vor: Aus dem Homo sapiens novus, wird ein Homo sapiens novus ludens. Der „neue" Supermensch, der intelligente Maschinen, also Roboter, für sich arbeiten lässt, hier oder im Anderswo.

*Glaubst du denn, dass gutes, erfülltes Leben ohne Arbeit sinnvoll und möglich ist?*

Warum nicht? Wir werden wie Privatiers unseren Hobbys frönen. Spielend uns anderen Dingen widmen, wie Kinder, nur innovativer ... Du siehst, die Zukunft muss nicht schrecklich sein - ganz im Gegenteil!

*Ich weiß, du wirst jetzt skeptisch, vielleicht sogar verächtlich lächeln.*

KI beschert uns ein Davor und ein Danach. Als Utilitarist glaube ich an ein gutes Ende im Danach, und hoffe sehr, dass dich dein Lebensmut nicht verlassen hat und ich von dir ein wenig verstanden werde. – Ganz gleich, wo du auch sein magst. Ich wäre sehr dankbar und glücklich, liebe Christin!

**Wolf-Ulrich Cropp** lebt in Hamburg. Bisher erschienen 28 Bücher in bekannten Publikumsverlagen. Darunter *Alaska-Fieber* (Bestseller, bei Piper/Malik/National Geographic); *Goldrausch in der Karibik* (Delius Klasing); *Im Schatten des Löwen* (DUMONT); oder *Fangtage* (Arena-Verlag). Er erhielt Literaturpreise, ist stv. Vorsitzender der *Hamburger Autorenvereinigung e.V.* und Mitglied des *VS*.

## Clemens Bergh

## Ein welkes Paar

Katja kann sich nicht mehr erinnern. An was, eigentlich? Sie geht geradeaus, Gott lenkt, denkt sie und folgt weiter seinem Willen. Und der heißt: Geradeaus. Bis Gott ihr einen Wink gibt: ´Hier muss es gewesen sein ´ - wiederum nicht wissend was, aber trotzdem: „Ganz eindeutig, hier bin ich richtig, unverkennbar“ sagt sie halblaut zu sich. Und: „Wenn Gott weiterhin so gnädig ist, wird er mir auch zeigen, wo Alex wohnt, mein Liebling.“

Sie blickt auf und sieht Würfel, große Würfel. Container, erinnert sie sich, wurden sie genannt, aber viel schöner als früher sind sie, und größer. Hellgrün - bestimmt Plexiglas - andere noch heller grün - weil Lichter brennen. Berge von Containern, bunt, übereinandergeschichtet, so wie wir das als Kinder mit Bauklötzen gemacht haben, aber ´ihr müsst exakt schlichten´ - das war sie; typisch Mama. Hier aber geht's lustig durcheinand, die Container liegen da, wie verrutscht, zwischen den Containern verwinkelte Wege, riesige Töpfe für Oleander und Ölbäumchen, dann wieder Stiegen, und viel zu schnelle Rolltreppen. Teufelszeug. Katja verlässt sich auf Gott und steigt lieber ein paar Stiegen höher, biegt links ab, dann rechts … schließlich hält sie an um durchzuschnaufen.

Gut, dass sie die festen Schuhe anhat. Die geben Halt. Und natürlich der Stock, noch von Ferdinand, mit dem Silberknauf. Und extra für Alex: Das Halstuch, geknüpft, auch wenn sie heute nicht Tracht trägt – viel zu umständlich, sie anzuziehen; Strickjacke, das genügt. Ihre Haare wurden weiß; Auch wenn es zu spät für sie erfunden wurde: Nie würde sie das Mittel nehmen, das die Haarfarbe der Jugend bis in den Tod hinüberrettet.

Man sieht zwar nicht durch die Wände, aber trotzdem - Alex hat sie kommen gesehen. ´Katja, nicht schon wieder! Wie gut die Kameras doch sind, keine Einschleichdiebe, keine Überraschungen´, denkt Alexander - und Katja soll sich vertrollen. Wie sie pafft, wenigstens den Porno könnte sie mich fertigschaun lassen. Ein Porno - über die volle Wand seines Cubes. Na ja, wenn sie schon da ist. „Türe auf", sagt Alex, und die Tür geht auf. Katja erschrickt kurz, sie war tatsächlich direkt vor dem Cube ihres Enkels gelandet - und geht wiederum gerade aus. „Mein Liebling, Alex! Ich bin´s, deine Oma!" „Setz dich", antwortet Alex schroff, „ich hab zu tun", aber schon kurz darauf: „finish two four – komma - seven" – und der Porno war beendet, dafür aber liegt jetzt eine schöne Gebirgslandschaft mit blühender Almwiese vor den beiden. Auch wenn sie nicht zur Jahreszeit passt. „Nur für dich, Katja."

Wie oft schon hatte Alex ihr die Geschichte erzählt, aber Katja scheint es sich nicht zu merken. „Erstens, bist du nicht meine Oma," Katja sagt nichts; allerdings dauern Antworten bei ihr immer etwas länger. Es kommt ja immer die gleiche Frage, also wartet er die Antwort gar nicht erst ab, und erzählt ihr, gelangweilt wie ein Fremdenführer, der schon zum tausendsten Mal irgendwelchen Ignoranten den Unterschied zwischen einem Kirchturm und einem Minarett erklärt hat, die Geschichte von Cube-City:

„Die Migranten waren nicht mehr zu stoppen, du kannst dich doch erinnern, Oma? Nein, kannst du natürlich nicht. Nach der widerlichen Schlepper-Phase zu Beginn des Jahrtausends bauten sie ihre eigenen Fluchtschiffe, was die Gutmenschen schließlich in die Knie zwang. Da half es auch nicht zu wissen, dass diese kleinen Reedereien von China und Pan-Arabien unterstützt wurden. Zur großen Überraschung aller reagierte die EU frühzeitig und paradox: Nachdem ein paar Jahre lang vergeblich versucht wurde, die Rosinen aus dem Kuchen zu klauen – vorwiegend IT-Spezialisten und Krankenschwestern wählte man aus -, wurden nun alle, die irgendwie auf ein Asylrecht pochen konnten, wahllos aufgenommen. Gleichzeitig mit dem neuen Abkommen wurde durchgesetzt, dass jeder und jede Asylsuchende human behandelt und kostengünstig untergebracht werden soll."

Katja nickte gelegentlich mit geschlossenen Augen, was Alex ermutigte fortzusetzen.

„Ungefähr zur gleichen Zeit musste Mitteleuropa hinnehmen, dass die Bevölkerungsmehrheit an die Muslimen übergegangen ist." Hier schien sich Katja aufzubäumen und hauchte ein empörtes „Nein." Ein zweites „Nein" folgte, da sie zu matt war, das erste ausführlicher zu kommentieren.

„Doch, doch!" setzte Alex fort. „Es hat auch sein Gutes. Warte ab, warte ab. Drei Fliegen auf einen Schlag. Endlich ist in Europa die Arbeit ausgegangen, denn die K.I. plant besser, produziert besser und verteilt besser. Die Regierungen waren machtlos dagegen, aber sie fügten sich nicht ungern."

„Versteh ich nicht."

„Zweitens. Der Wohlstand wurde zum Überdruss. Warum immer neue Fetzen tragen? Und schon wieder fliegen: Angkor Wat oder die Malediven? - bei vierzig Grad im Schatten. Man begann zu Hause zu bleiben. Und überhaupt: Es tut auch dem Klima gut, sagte man; sagtest du doch auch immer."

Katja musste inzwischen eingeschlafen sein, also brauchte Alex nicht mehr laut erzählen; Seinen Gedankengang konnte er trotzdem nicht beherrschen: Muslimischen Jugendlichen und Asyl-positiven wurden die Cubes angeboten. Auch EU-Bürgerinnen und Arbeitsuchende konnten wählen: Entweder draußen leben, oder nichts anderes tun, als das Leben im Cube genießen. Es gab demnach nur Sieger.

Cubes in allen Farben, Tausende, wurden aufgetürmt, ausgestattet mit größtem Komfort, bestens klimatisiert, Hi-Tec hochgerüstet, mit automatischen Updates, sodass nur wenige das Angebot ausschlugen. Die Wände kann man fallweise ´vernebeln´, sodass sie von außen nicht einsehbar sind; Dutzende integrierte Kameras in jedem Cube, die jederzeit einen ´lebendigen´ Einblick in die jeweils anderen Cubicles bieten. Nicht nur der Polizei. –Auch allen Nachbarn. Ein Armaturenbrett, genauer gesagt: ein Lampen-Tableaux, zeigt an, welche Nachbarn im Moment kontaktbereit wären – also einen Einblick in ihre Wohnung und Kommunikation zulassen würden - und welche nicht; Einblick heißt allerdings nicht einfach hineinblicken, sondern mit 3-D dabei sein. Allerdings ist ´not now´ die am häufigsten gewählte Option.

Katja schlug kurz die Augen auf: „Warum sagst du nichts mehr, Alex?"

Also setzte er wieder laut fort: „Diese Technologie ermöglicht auf Bestellung jederzeit Einblick in das Leben der Anderen, die Teilnahme an Konzerten, Vorführungen von Akrobaten, Kabarettisten, jeder Art von Sport. Alles ohne seinen Arsch zu bewegen. Und natürlich Sex, Oma; Übrigens: das vorher, war life, aus dem Cubicle K247 - kubanische Freunde beim Sex. Die ganze Wand ein Bildschirm, die ganze Welt an meiner Wand, wie 3-D, nur besser. Freie Sicht überall hin, besser als in jedem Stadion, nie wieder schwitzen oder frieren. Verstehst du? Und ich gebe meine Befehle von der Couch aus. Verstehst du, Oma? – Alex schaut fragend zu Katja. Kommunizieren mit den anderen Cube-Freaks, auch mit Draußen: Bestellen; Essen, Abräumen, zum Beispiel. Verstehst du, Oma?

Aber nein, du bist ja nicht meine Oma, nicht genetisch, wenigstens. Unsere DNA-Datenbank – nein, auch das verstehst du nicht – die ist immerhin das Lieblingsspielzeug unserer Regierung. Ein einziger Satz von mir, und es blinkt rot; heißt: ´Nicht verwandt´. Verstehst du es jetzt, Katja? Deswegen bist du nicht meine Oma.

Katja versucht tief Luft zu holen, aber selbst das reicht nicht für einen längeren Satz als „In Österreich …", denn Alex kontert reflexartig: „ … gibt es nicht mehr, Oma!" Sie knickt wieder ein.

Nach einer Pause: „Willst du mehr sehen, Oma?"

Katja haucht ein „Nein". Alex kennt es selbst, dieses Gefühl der Überforderung. Immer mittendrin im ´Dreidee´ - da ist es oft erholsam, sich selbst aus der Szene zu nehmen. Er sagte, wie zu sich: „Zweidee" und die Schweizer Almlandschaft, in der sie sich gerade befunden hatten, wurde wieder zu einem Foto: Flach, beruhigend, und weitweggezoomt. „Wenn du willst – oder: wenn ich will - hole ich mir Freunde zum Plaudern oder wir spielen Schach."

Wieder versucht Katja einen Einspruch: „Aber ...", weiter kam sie nicht. Alex kennt alle ihre Einwände zur Genüge: Äthiopier, Chinesen, Kubaner; jeder redet doch seine eigene Sprache - wiederholte sie immer wieder und zwar wortgleich. Ebenso wortgleich wie immer, waren die Antworten von Alex: „Wenn ich es richtig einstelle, dann erhalte ich fast zeitgleich die Übersetzung ins Ohr geflüstert. Geil, Oma. Geht doch. Wozu also hinaus ins Freie gehen? Die Zeit der Wirtshäuser, Cafés und Clubs ist vorbei. Autos? Wozu? Von uns hat keiner eines.

Was ich den ganzen Tag mache? Auch wenn du mich heute noch gar nicht gefragt hast: Ich versuche so oft wie möglich nichts zu machen – es ist doch schon alles erledigt. Bloß keine Umwege. Das Essen ist auch schon unterwegs. Fußball-Glotzen ermüdet. Ich lasse mir auch schon lange keine Nachrichten mehr vorlesen, denn, ob eine Leiche gefunden wird, oder das Traum-Paar wieder zusammenfindet? Die Welt dreht sich im Kreis, es ist immer das Gleiche. Wen interessiert das schon? Die Anderen sehen das ähnlich. Diese Woche drei Tschetschenen und zwei Russen. Meistens Männer.

Wie ein Ruck ging es durch Katja: „Was ist mit denen?" ´Tschetschenen und Russen´, das hat sie scheinbar aufgeweckt.

„Sie hatten es am schnellsten satt," meinte Alex zu ihr, „gerade eben im Paradies angelandet - und schon sind sie tot. Die Regierung lacht sich ins Fäustchen. Offiziell bekommen wir nur die Statistiken, aber natürlich erzählt man es sich. Oder du bist sowieso live dabei, wenn sie sich verabschieden, gruppenweise. Viele wollen das eben so. Es geht alles sehr schnell, oft vor hunderten von Zusehern."

Katja wirkt äußerst ruhig . Sie sitzt in ihrem fauteuilartigen Lehnstuhl, beide Arme lose im Schoß, den Kopf leicht zur Seite gedreht. Alex nützt diesen Moment um sich vor ihr auf dem Teppichboden niederzulassen, er legt seinen Kopf in ihren Schoß, wobei er diesen in ihre warmen Hände bettet. Irgendwann ertönt ein diskreter Pfeifton und eine Meldung erscheint am Armaturenbrett: cardiac incident. Need help?

*

*

*

**Clemens Bergh,** Jg. 1952, vor seiner der Pensionierung Psychotherapeut in einer psychiatrischen Universitätsklinik. Veröffentlichungen in Anthologien und Zeitschriften,

## Carola Seeler

# Der Joker

„Wann, denken Sie, hat alles angefangen? Und womit?"

Die alte Frau hörte die Worte und wusste, sie musste antworten. Schließlich hatte sie diesem Gespräch zugestimmt. Dem jungen Mann vor ihr ging es doch letztlich nur um Schlagzeilen, solche, die das Volk lesen wollte, es aufrüttelte, kurz. Damit es gleich darauf wieder in sich zusammensacken und in den gnädigen Schlaf der Unwissenheit fallen konnte. „Hallo, hören Sie mich?" Der Reporter gab sich redlich Mühe, die leichte Ungeduld in seiner Stimme nicht durchklingen zu lassen. Dennoch war die Ungeduld da, sie hörte sie genau und konnte sie sogar verstehen. Sie entschloss sich zu antworten.

„Womit alles angefangen hat? Vielleicht mit dem ersten Mammut, das der Mensch erlegte?" Sie sah ihr Gegenüber an und war erstaunt über sich selbst, darüber, dass sie sich immer noch wunderte, wenn ihr ein verständnisloser Blick förmlich ins Gesicht sprang. „Mammut, Säbelzahntiger, menschliche Evolution ... Hatten Sie das nicht in der Schule, haben Sie keine Bücher dazu gelesen?" Sie wusste, sie outete sich damit eindeutig als jemand, der noch fest in alten Strukturen verhaftet war. Aber deswegen war der Mann doch hier, sie zu begutachten, die Stimme eines der letzten musealen Exemplare der Alten Zeit zu hören. Ihr Ton wurde sanfter. „Sehen Sie, als ich zur Schule ging, da lasen wir Bücher. Wir hörten Geschichten von alten Zeiten und neuen, über Abenteuer, Weltreisen, andere Menschen. Reisen waren unsere Verbindung zu anderen Kulturen. Spätere Generationen verschwanden zunehmend in der digitalen Welt. Unterricht und Klassenfahrten fielen immer öfter aus. Lehrkräfte fehlten. Das ist jetzt 30 Jahre her. Die

Pandemie von 2020 bis 2022 sowie der folgende lange Krieg zwischen Russland und der Ukraine sorgten für eine Zäsur im kulturellen und wirtschaftlichen Leben der bis dahin von Frieden verwöhnten Menschen in Deutschland.“ Sie unterbrach an dieser Stelle ihren Monolog. Die Antwort kam prompt. „Sie wollen mir erzählen, Ihre Generation hätte ein gutes Leben geführt? Sie sind alle völlig sinnlos mit Autos und Flugzeugen gereist, sie haben mit Gas und Kohle geheizt und mit riesigen Schiffen die Meere verpestet, auch noch, nachdem der Fischfang längst verboten war.“ Die alte Frau unterbrach ihn: „Gut gelernt.“ „Entschuldigung, ich wollte Sie nicht beleidigen. Es gibt nicht mehr viele Menschen, von denen wir lernen können. Sie sind…“, hier kam der Mann ins Stottern, „Sie sind…“ Die alte Frau lächelte. „Ich weiß, ich bin der Joker. Setzen Sie ihn gut ein.“ Sie fuhr fort: „Natürlich haben wir es versaut. Seit den 1980er Jahren wussten wir letztlich alle, dass wir in Zeiten des Klimawandels lebten – und als Mensch auf Kosten des Planeten und aller darauf lebenden Wesen. Wir beuteten aus, was auszubeuten ging. Es gab Bemühungen, doch nichts wurde gut. Am Ende…“ Sie stockte. Der Mann beendete den Satz: „…schrumpften die Lebensräume.“ Ja, dachte sie, das stimmt. Südeuropa ist in weiten Teilen unbewohnbare Wüste, viele Seen sind nur noch Erinnerungen. Bangladesch hat die Hälfte seiner Fläche – und Menschen – in der letzten Flut verloren. Inseln im Pazifik sind verschwunden, die Wüste Gobi bedeckt weite Teile Chinas. Die Niederlande und Großbritannien bauen immer höhere Dämme. „Alle wussten, fossile Energien und Methan waren die Killer, doch die Menschen sahen den Ernst der Lage nicht, obwohl sie am Abgrund standen. Es gab nicht nur zu viele Menschen, sie waren einfach viel zu alt.“ Der Mann sah die Frau herausfordernd an. Sie beeilte sich zu antworten. „Das Problem haben wir ja gelöst. Das Durchschnittsalter sank von 45 auf 30 Jahre. Wir haben übrigens Kaffee. Emma wird Ihnen gerne einen bereiten.“ „Nein danke“, der Reporter sah die Küche mit seinen Geräten geringschätzig an. In Deutschland kochte kaum noch jemand selber. In wenigen Wohnungen gab es Küchen. Raum war ohnehin knapp. Eine Mikrowelle reichte völlig. Es gab immer noch Geschäfte mit Lebensmitteln. Diese aber waren teuer, ebenso wie frisch zubereitetes Essen in Restaurants, in denen richtige Menschen bedienten. Sie merkte, wie ihre Gedanken abschweiften. „Bei mir treffen sich junge Leute aus dem Viertel und ich zeige ihnen, wie man einen Gemüseauflauf zubereitet oder ein Brot backt." Sie nickte Richtung Haustür. „Sehen sie die Kräuter? Daraus kann man feinen Tee machen." „Igitt", der Mann schüttelte sich. „Sie trinken das, was draußen wächst? Jeder Mensch weiß, dass Kräuter sehr krank machen können. Alles, was wir benötigen, gibt es in den medizinischen Zentren. Auch das Essen, das wir bekommen, ist perfekt auf die Gesundheit abgestimmt. Alternative Medizin wird abgelehnt." Die alte Frau antwortete: „Abgelehnt aber nicht verboten, nicht für alte Menschen wie mich." „Das stimmt, wegen der sozialen Komponente." „Ja, die gute soziale Komponente, wenn wir die nicht hätten?" Die Frau biss sich auf die Lippen. Sarkasmus würde hier nicht helfen. Sie ergänzte: „Das betraf später auch die Nutzung von Ressourcen. Sehr klug von der neuen Regierung der Vereinigten Staaten von Europa, die Menschen nicht zu überfordern." Sie sah den Mann an, der zustimmend nickte. „Wie sind Sie eigentlich hierhergekommen?" Die Frage war berechtigt; denn seit 10 Jahren gab es so gut wie keinen Individualverkehr mehr, in den Städten ohnehin nicht. Selbst das Fahrradfahren war reguliert. Man musste sich Mobilität leisten können und entscheiden, für was man seine Energiepunkte, ausgeben wollte. „Ich bin mit dem Überlandbus aus Kiel gekommen. Er fährt fünf Mal am Tag, abends um 20.00 Uhr der letzte. Dann bin ich vor Mitternacht zu Hause." Das neue Verkehrssystem berücksichtigte den Umstand, dass Menschen ihren Wohnort nur noch selten verließen. Sie lebten in der Nähe ihrer Arbeitsplätze, sofern sie nicht im Home Office arbeiteten.

Fast alles ließ sich ohnehin online erledigen, selbst Arztbesuche. Reguläre Einkäufe in lizensierten Geschäften wurden per Drohnen geliefert; Schule fand digital statt. Zwei Mal im Jahr kamen Kinder und Jugendliche in Trainingslagern zusammen. Sport, Survivaltraining, Ethik, Moral. Die besten von ihnen nahmen an der umfassenden Olympiade teil, die alle zwei Jahre als Belohnung für besondere Leistungen in einem anderen Land stattfand. Die Welt verfolgte diese Spiele auf dem allgegenwärtigen Bildschirm. Nur ab Mitternacht gab es für fünf Stunden die Regenerationsphase mit kompletter Energie- und Ausgangssperre. „Leben eigentlich noch Menschen auf dem Land?“ Sie wandte sich dem jungen Mann zu. „Sie kommen doch herum.“ Dieser sah sie mit einem seltsamen Blick an. „Selbstverständlich. Unsere Regierung unterstützt aus klimapolitischen Gründen seit vielen Jahren nicht mehr den Bau von Einzelhäusern. Es gibt Ausnahmeregelungen für die Menschen, die auf dem Land arbeiten. Obwohl es dort eigentlich zu heiß ist.“ Damit hatte er recht. Es war mittlerweile auch in Norddeutschland so warm und sonnig im Jahresmittel, dass auf jedem Dach hocheffiziente Energiezellen saßen. Im Winter fielen die Temperaturen nur noch sehr selten unter den Gefrierpunkt. Benötigt wurde Energie eher für Kälteräume und Klimaanlagen, die kühlten. Massentierhaltung war verboten; es gab überhaupt nur noch wenig Nutztiere. Die Menschen aßen überwiegend vegane Fertiggerichte. Schrecklich, dachte die alte Frau, man weiß nie, welche Zutaten im Essen sind. Eigentlich hätten wir alles, wirklich alles voraussehen können. Doch wir waren blind. „Wasser ist rationiert“, nahm sie den Faden wieder auf. „Ich bin dankbar, dass wir in diesem Hof eine zusätzliche Ration für die Pflanzen bekommen.“ Ihr Gegenüber nickte zustimmend: „Dieser Hof folgt dem Konzept der Begrünung der Innenstadt. Sie haben eine herabkühlende Oase geschaffen, mit Pflanzen, die dem Klima nützen. Was mich aber viel mehr interessiert: Wie schaffen Sie es, in dieser Altstadt zu überleben? Mit Menschen, von denen die wenigstens die Kriterien für ein „ordentliches“ Leben erfüllen?“ Damit meinte er die Regeln, die vor 10 Jahren von den Chinesen übernommen worden waren. Jeder Mensch hatte ein Konto und jede Kontobewegung entschied darüber, ob er gute oder schlechte Punkte gutgeschrieben bekam. Diese Punkte hatten unmittelbar Auswirkungen auf Vorteile und Vergünstigungen, die Höhe des Grundeinkommens, auch auf die seltenen Reisen in eines der Urlaubszentren oder gar Herkunftsländer, auf günstige Termine und Behandlungen in den medizinischen Zentren, auf Studien- und Arbeitsplätze, auf Mobilität. Die meisten Menschen schätzten dieses System; es gab ihnen Sicherheit. Es gab aber auch diejenigen, die es ablehnten. Diese lebten seit Jahren zunehmend im alten Zentrum ihrer Stadt. Und sie mittendrin, als eine der letzten Alten, nachdem ein neues Virus vor 10 Jahren das Problem „alt, schwach, krank“ auf seine Weise gelöst hatte. „Sie werden bald hundert Jahre alt werden“, unterbrach der Mann ihre Gedankenwelt, „es wird eine große Feier geben.“ „Wir werden sehen.“ Die Frau lächelte. „Ich bin alt. Man weiß nie, was geschieht bis dahin.“ „Doch, wir werden alles tun, damit wir gemeinsam dieses Fest begehen können“, der Mann, dessen Gesicht seltsam alterslos wirkte, ließ sich nicht irritieren, „denn Sie sind…“ „Der Joker, ich weiß. Für Sie, die Regierung, für die Hoffnung und die Hoffnungslosen hier in der Stadt. Und Sie, zu welchen Menschen gehören Sie?“ Die Frau wusste, dass diese Frage gefährlich war. So schob sie schnell hinterher. „Ich bin glücklich, dass ich Emma habe. Ohne Emma müsste ich in eines der Heime vor der Stadt.“ Der Mann nickte: „Ja, die meisten Menschen jenseits der 70 siedeln dorthin über. Die Betreuung ist perfekt. So wie Sie leben, das wollen die wenigsten.“ „Wissen Sie“, sie sah dem Mann direkt in die Augen: „Wir standen vor 30 Jahren vor einer Zerreißprobe. Europa drohte auseinanderzufallen. Die Menschen waren von den realen weltweiten Ereignissen überfordert. Die sozialen Medien entpuppten sich als im höchsten Maßen jeglicher objektiver Berichterstattung abhold. Doch während der überwiegende Teil der Menschen das Wort abhold nicht einmal mehr kannte, beanspruchte eine Minderheit das Recht auf Wahrheit für sich. Die Menschen wurden dicker und unbeweglicher, im Kopf wie im Körper, Corona und der Ukrainekrieg taten ihr Übriges, um die Menschen um den Verstand und Europa an den Abgrund eines Bürgerkrieges zu schieben, dies zu einer Zeit, in der die Temperaturen stiegen, sich Flora und Fauna veränderten." Sie stockte kurz und der Mann ergänzte: „Wir sind auf dem richtigen Weg. Selbst der Temperaturanstieg schwächt sich ab." Während er das sagte, wippte sein Kopf auf und nieder, so als müsse der ganze Körper der Aussage Nachdruck verleihen. Emma hatte sich neben ihn gestellt und beide sahen die Frau unverwandt an, die nur dachte: Ich werde zu alt für so etwas. Laut entgegnete sie: „Ja, nach der letzten Pandemie fand sich Europa zusammen, übernahm die besten Regeln aus allen beteiligten Ländern und passte das menschliche Zusammenleben an die Herausforderungen der Zeit an." Sie hoffte, sie hatte das richtige gesagt. Vieles war besser geworden. Jugendliche bekamen einen festen Betrag in Form von Kredit- und Energiepunkten, die ihnen unabhängig von Herkunft und Ethnie erlaubten, zu studieren und zu lernen. Es gab keine Obdachlosen mehr, Drogenabhängige wurden in Kliniken kuriert, Verkehrs- und Klimasündern drohte der Verlust von Vorteilen, Gewalt in jeder Form war geächtet und wurde umgehend bestraft. Entwicklungshilfe wurde konsequent an tatsächliche Notwendigkeiten, wirtschaftliche Möglichkeiten sowie gelebte Menschenrechte angepasst. Langsam entwickelten sich die ärmeren Länder der Welt. Es bestand Hoffnung. Die Bevölkerungsentwicklung war überall rückläufig. Geld war in seiner alten Form weitestgehend abgeschafft. Es hielt sich jedoch als zweites Zahlungsmittel hartnäckig im sogenannten Untergrund der Städte, in ihren Geschäften, Kneipen und Werkstätten. Diese wurden geduldet, weil es gerade die Städte waren, die sich zu grünen Lungen Europas entwickelt hatten – und zu Vorzeigeobjekten. „Ich fühle mich wohl hier in der Stadt, mit Wein noch wohler." Emma empfing das Signal und brachte ihr ein Glas. „Einsam bin ich nicht. Die Menschen hier kümmern sich." Sie roch am Wein. Unglaublich war das alles. Auch, dass die Freibäder jetzt zwischen Oktober und Mai geöffnet waren. Im Sommer durfte man nicht mehr ins Wasser. Nirgends. Zu heiß, zu gefährlich. Doch das Klima war nicht das größte Problem, dem die Menschen gegenüberstanden. Es hatte mit Chatbots angefangen, textbasierten Dialogsystemen, die von irgendeiner Form der Intelligenz weit entfernt waren. Mit wachsender Computerleistung jedoch waren sie in der Lage, immer schneller auf immer größere Datenbestände zuzugreifen, um alsbald intelligente Dialoge für den Nutzer anzubieten. Bereits vor hundert Jahren hatte man von künstlicher Intelligenz geträumt und vor ziemlich genau 30 Jahren hatte sie selbst den Gedanken, dass die echte Gefahr nicht von künstlicher Intelligenz, sondern von fehlender menschlicher ausginge. Die Entwicklung hatte jedoch zunächst gut ausgesehen. Roboter, die in Restaurants bedienten, die einfache Arbeiten in Callcentern erledigten, Buchhaltungsaufgaben übernahmen, als Assistenten in Pflege, Kindergärten und Schulen arbeiteten und als Physiotherapeuten zu einem nach Hause kamen. „Emma", sie blickte diese traurig an, „ohne Emma hätte ich keine Möglichkeit, so zu leben wie ich lebe." Dann, als ob sich jahrelange Angst freistrampeln wollte, rutschte ihr heraus: „Ich halte es für wahrscheinlich, dass sich der humanoide Körper, also der Mensch als Naturprodukt, als überflüssig erweist. Er könnte durch technische intelligente Körper ersetzt werden – oder aber", sie blickte auf, „zu etwas anderem werden, indem leblose Materie mit belebter Materie verbunden wird. Was wissen wir schon, wie und wohin sich das alles in welcher Geschwindigkeit evolvieren wird." Sie hob das Glas, prostete dem Mann zu und nahm einen tiefen Schluck. So angenehm kühl, der Geschmack kam ihr vor wie eine Liebkosung. Was immer jetzt passierte, es war es wert gewesen. Alles. Der Mann stand auf und beugte sich über sie. „Ich werde jetzt also doch nicht 100 Jahre alt werden?“ Der Mann schüttelte den Kopf und nickte Emma zu, die sich zur Bank wandte, um ein Kissen aufzunehmen. Wie altmodisch und uninspiriert. Die alte Frau lächelte den Mann an. „Einen Schluck würde ich gerne noch nehmen. Darf ich?“ Der Mann nickte und trat beiseite. Er stand mit dem Rücken zum Fenster gewandt. So konnte er nicht sehen, was der alten Frau nicht verborgen geblieben war. Sie hob das Glas zwei Mal, führte es dann zum Mund. In diesem Augenblick stürmten die Menschen das Zimmer. Die Anführerin sagte nur: „Es geht jetzt los. Überall.“ Dann kreisten sie Emma und den Mann ein und führten beide fort. Ein Junge blieb bei der alten Frau. Er reichte ihr ein Buch. „Wollen wir lesen?“ Die Frau lächelte ihn an: „Ja, so ist es, wenn der Joker zum Verhängnis wird. Auf die Bücher. Auf das Leben.“

*

*

*

**Carola Seeler,** Kauffrau, Betriebswirtin und Heilpraktikerin für Psychotherapie. Sie lebt mit ihrem Lebensgefährten in ihrer Heimatstadt Lübeck, ist freiberuflich tätig als Trainerin und Seminarleiterin. Schreiben wird zunehmend zentraler Bestandteil ihres Lebens. 2022 gewann sie den 2. Preis Erwachsene in einem Schreibwettbewerb ihrer Heimatstadt, Thema *400 Jahre Stadtbibliothek Lübeck.*

## Karin Posth

## Überleben im Schatten des Wandelns

*Stephanie*

Die unerträgliche Hitze macht mir zu schaffen, dabei ist es erst zehn Uhr. Von fern sehe ich die grüne Großsiedlung, das modernste Viertel, das in und um Köln bisher gebaut wurde. Meine zukünftige Heimat. Trotz der gut 20.000 Bewohner scheint beim Näherkommen das Leben dahinzudümpeln. In meiner bisherigen Wohnung war ich Tag und Nacht Lärm ausgesetzt gewesen. Züge, alle fünf Minuten. Autos und Motorräder. Unmöglich, im Schlafzimmer zur Straße hin nachts Ruhe zu finden.

Heute, an einem Julimorgen, ist es also so weit. Ich ziehe um. Mein Zwillingsbruder, als Raumfahrer und Ingenieur seit einer Woche auf dem Mond, um mit anderen eine weitere Basis zu errichten, kann mir nicht helfen. Alles, was mir in den nächsten Stunden durch den Kopf geht, spreche ich in mein Handy. Es wird den Text schriftlich zusammenfassen und für Stephan abrufbar bereitstellen. Er soll an meinem Leben teilhaben.

„Über 20.000 Bäume und mehrere Hunderttausend Gewächse sind gepflanzt worden", hatte der Verwalter bei der Besichtigung gesagt. „An begrünte Viertel haben wir uns inzwischen in Deutschland gewöhnt. Doch diese Siedlung ist durch und durch grün. Nicht nur die Parks, Kleingärten, Straßen und Wege, auch die Fassaden und Dächer der Wohneinheiten und integrierten Geschäfte. Grün lässt die Welt besser aussehen als Steine und Beton, beeinflusst positiv unsere Wahrnehmung. Das Klima. Die Luft ist zwar etwas feuchter, aber besser für die Atemwege. Für die Augen eine Erholung. Einige Bewohner haben sofort ihren Beruf an den Nagel gehängt. Sie wurden von uns unter Vertrag genommen und halten nun als Gärtner die grüne Pracht in Form. Arbeitslose waren das Herumlungern leid und machten sich ebenso nützlich. Einige fanden eine dauerhafte Stellung."

Beim Näherkommen vermute ich kaum Menschen hinter den Fassaden. Was menschenleer aussieht, soll der Menschheit das Überleben sichern. Das Grün der Siedlung absorbiert $CO_2$ und filtert Feinstaub aus der Luft. Für die Anbindung an Köln sorgt eine Schnellstraße. Begrünte Parkhäuser stehen für Bewohner und Gäste bereit. Zugelassen sind nur Wasserstoffautos. Für Bewohner des Viertels ist die Beteiligung am Carsharing Pflicht. Auch das Bus- und Bahnnetz ist bis hierher ausgebaut. Bewohner bekommen von der Wohnungsverwaltung kostenlose Monatstickets. Der Autoverkehr ist aus dem Herzen der Siedlung verbannt. Nur zum Be- und Entladen dürfen Lieferanten und Speditionen bis zu den Häusern vorfahren. So hatte es in der Anzeige gestanden.

Vor den Häusern stehen Bänke, eingerahmt von grünem Buschwerk. Links und rechts der Hauseingänge flimmern gläserne Fassaden mit hängenden Gärten. Wie eine Märchenwelt. Was man hier anbaut? Bei der Wohnungsbesichtigung war ich auf eine Tafel gestoßen: Mit Algen zum Selbstversorger.

Ein neuer Geist beschwört eine neue Zeit. Drei cm dicke Glaselemente, an die Fassaden gehängt, mit Wasser und Algen gefüllt, spielen nach, was in der Natur passiert. In der ist nichts ohne Grund, kommentierte schon in der Renaissance Leonardo da Vinci. Aufrecht wie ein Baum, hungrig wie eine Sonnenblume und fotosyntheseaktiv wie die erste Schicht unterm Wasser.

„Das Besondere an dieser Siedlung ist", fuhr der Verwalter fort, „dass die Früchte der Bäume, Büsche und Bodendecker essbar und resistent gegen Hitze und Trockenheit sind. Wir haben Wert auf Regionales gelegt, aber auch Exotisches zugelassen, was bei den heißeren Temperaturen ebenfalls bestens gedeiht. Vom Schauen allein wird keiner satt. Und wie will man 9 Milliarden satt bekommen?

Ein grüner Wechsel hatte es zunächst schwer gehabt wegen der

Wärmedämmungsvorschriften in Deutschland. Deutsche verschlafen gerne kritische Situationen, statt mit Mut Entscheidungen zu treffen. Ihre Bequemlichkeit ist ihnen oft lieber als die Zukunft ihrer Kinder. Den Klimawandel ließen sie lange über sich ergehen, wie alles andere zuvor auch.

Wo die Weitsicht der Leute fehlt, muss die Fantasie der Architekten das Verständnis übernehmen. Wie schnell die neue Einstellung seine Kreise zieht, werden wir sehen. Vielleicht wie ein Stein, der ins Wasser fällt?"

Städteplaner wussten wie jeder andere schon lange, dass etwas nicht stimmt. Viel Zeit musste vergehen, bis sie die Dinge sahen, wie sie sind. Was dachten sie sich früher eigentlich dabei: gepflasterte Straßen und Wege, versiegelte Plätze, Schotter-Vorgärten. Die unansehnliche Versiegelung verleibte sich eine immer größere Fläche ein. Könnten Dinge sprechen: Das Bequeme – Fluch und Segen zugleich. Warum weiß man das immer erst im Nachhinein?

Der Verwalter hatte mich durch das Viertel geführt und war aus dem Schwärmen nicht mehr herausgekommen: „Wir haben ein neues Wohnkapitel aufgeschlagen. Durchdacht, frisch und klar. Flache Kanäle führen statt Straßen an den Häusern entlang, in die das Regenwasser abfließen kann. Wie überall in Europa ist es zunehmend heißer, doch nach vielen Tagen der Sonne fällt oftmals sehr starker Regen. Den nehmen die Kanäle auf, die zum Rhein führen, der durch das fehlende Schmelzwasser Nachschub gut gebrauchen kann. Und zum Bewässern eignen sie sich auch.

Auf den Flachdächern entstanden Dachgärten. Wir haben sie unter den Bewohnern in Parzellen aufgeteilt. Seit sie selber säen und ernten, kaufen sie kein importiertes Obst und Gemüse mehr. Man bedenke das lange umweltschädliche Fliegen.

Es ist Brauch, den schönsten Dachgarten im August zu küren. Kinder erleben das Wunder des Wachsens, die Ernte. Sie schauen nach vorn, nicht nur auf ihr Handy. Das eigene Grün, die Fülle der verschiedenen Pflanzen, haben die Pforte zur Natur aufgestoßen. Das Motto des Tages heißt: aufstehen, ernten, zur Schule gehen, Freizeit. Und vor der Schule der weite Blick über die Stadt, ein orange verfärbter Himmel, Wolkenbilder. Gespannt sein auf den Tag."

Wir wissen, die Welt geht weiter. Sie beichtet im Vorübergehen, dass die Hitze erbarmungslos bleibt, überlässt es Fassaden, die Hitze zu speichern und mit dem Winter zu teilen, statt Heizungen voll aufzudrehen.

Bevor ich ins Haus gehe, fällt mein Blick auf die Runde der Nachbarn unter schützenden Blättern, die Abstand gewinnen von der drückenden Schwüle.

Wie in modernen Hotels stecke ich beim Begehen der Wohnung eine Karte in den Schlitz und bin mit dem Strom verbunden. Beim Verlassen der Wohnung wird sie alle Standby-Geräte vom Stromnetz nehmen. Früher lief ich mehrmals durch die Wohnung, um nachzuschauen, ob Herd und Kaffeemaschine, der PC aus waren. Die Sorge nimmt mir die Karte in Zukunft ab.

In der eingerichteten Küche sind die Abfalleimer um zwei erweitert, für Kaffeesatz und Eier- und Kartoffelwasser als Ersatz für künstlichen Dünger. Blumen und Grünpflanzen auf der Terrasse werden damit besser gedeihen.

Trinkwasser wird seinem Namen gerecht. Für die Toilette gibt es ein getrenntes Leitungsnetz.

Am Abend, während ich noch beim Auspacken und Einräumen bin, tauchen die Nachbarn unbeschwert in den Abend ein, die lautlose Nacht. Sie schauen hoch zu den Sternen. Die Aussicht auf ein Morgen. Gut gerüstet zu sein für den neuen Tag. Für den Rest ihrer Tage wollen sie hier nicht mehr weg.

*Stephan*

Als Kind stand ich einmal nachts auf der Fensterbank und hielt die Augen geschlossen. Die Eltern, spät heimkehrend, zweifelten nicht an meiner Mondsüchtigkeit. Ich frohlockte, als hätte ich einen besseren Ort gefunden, und dachte an die Fußspuren von Neil Armstrong im Staub. Seit diesem Tag ging mir der Mond nicht mehr aus dem Sinn. Manch einen zieht es vom Dorf in die Stadt, ein anderer will weit weg, erwägt Australien oder Afrika, und ich wählte den Mond zum Lebenstraum. Meine Augen leuchten, wenn Gesprächsstoff die Weite des Himmels ist. Meine Zwillingsschwester versteht mich. Sie findet meinen Beruf spannend und macht mir keine Vorwürfe, wenn ich ihr nicht beim Umzug helfen kann. Meine Freunde fragen mich oft, wie ich mich auf den Flug zum Mond vorbereite, ob über Nacht mein Blick besorgt wird, ob ich die Farben der Erde vermisse, den Spaziergang an der frischen Luft, den Duft nach Blumen, Wald und Erde.

Für mich ist das Leben auf zwei Planeten normal. Es bereichert mich. Kleine Probleme, die mich früher wahnsinnig genervt haben, erscheinen mir heute nichtig. Erdengemacht. Auf dem Mond kommt es darauf an, erst einmal eine Grundlage für das Leben zu schaffen. Es ist harte Arbeit. Nichts ist da: kein Wasser, keine Luft, kein Grün.

Meine Zwillingsschwester wartet auf ein Lebenszeichen: „Die Zimmer im Monddorf sind nicht groß. Das eigene Reich hat Containergröße: ein Bett, ein Schrank, ein Tisch, ein Stuhl, mit 3-Druckern aus Mondstaub gemacht, ein gerahmtes Bild von dir, ein Maskottchen von Freunden – das reicht.

Die Schwärze hilft uns Astronauten und Wissenschaftlern durch die Nacht. Oft liege ich am nächsten Morgen immer noch wach. Manchmal vermisse ich den Wellengang, manchmal den Wind in den Bäumen. Was würde ich sagen, wenn der Mond mit mir Gespräche führte? Könnte er Zweifel, Furcht raushören, weil er mich an der kurzen Leine hat? Wie die Erde den Mond?“

Irgendwann zog es alle hoch hinaus, in einem Anfall von Hoffnung, tiefer verwurzelt als Heimat. Amerikaner, Russen, Chinesen vorneweg, gefolgt von Indern, Japanern. Am Anfang war der Mond staubig, wüst und leer. Er empfing die Fremden abweisend. Ein Anfang ist immer schwer.

Der Astrophysiker Stephen Hawking meldete sich vor seinem Tod 2018 zu Wort: „Baut in den kommenden 30 Jahren eine Mondbasis auf." Er war uns im Denken weit voraus. Vor meinem Flug wurde ich von den Medien gefragt, was ich nach meinen ersten Erfahrungen über eine Zukunft auf dem Mond sagen kann. Ob er für Menschen aus Fleisch und Blut gemacht sei?

„Für alle gibt es keinen Platz. Wenigen wird die Reise dorthin gelingen. Ich glaube nicht, dass der Mond für die Menschheit der zukünftige Wohnplanet ist. Menschen, die auf der Erde keinen Beitrag zum Leben in der Gemeinschaft leisten, werden auf dem Mond keine Zukunft haben. Manchmal denke ich, dass das Leben auf einem anderen Planeten womöglich der Wunsch des Menschen nach einer Erneuerung ist. Kann der Mensch auf der Erde kein besserer werden? Bedarf es dafür eines anderen Planeten?

Doch ist nicht auch zu befürchten, dass auf dem Mond der Kampf um die Ressourcen unter den Ländern der Erde beginnt, wenn sie die Erde vollends ausgeraubt haben?

Häuser und Straßen bauen wir mit 3-Druckern aus Mondstaub. Materialien können wir wegen des Gewichts nicht mit Raumtransportern dorthin bringen, deshalb müssen wir mit dem vorliebnehmen, was auf dem Mond vorhanden ist.

Eine Mondkolonie ist die perfekte Zwischenstation für die Reise zum Mars. Der Mond ist reich an Material zur Gewinnung von Treibstoff. Wir haben bereits begonnen, die Reise vom Mond aus zum Mars fortzusetzen. Für die KI ist eine weitere Entfernung kein Hindernis. Ich befürchte, dass die KI, einmal auf den Weg gebracht, sich bald selbstständig macht und uns als schwächeres Glied nicht mehr erträgt.

Wissenschaftler gehen davon aus, dass es viele erdähnliche Planeten gibt, die in der Lage sind, flüssiges Wasser zu konservieren, die Voraussetzung für Leben. Wie aber dieses Leben aussehen könnte, wissen wir nicht. Wohlgesinnt werden sie uns nicht sein, wenn sie uns finden. Es gehört zu den greifbaren Dingen, dass Eroberungen unehrenwert sind. Wird es womöglich Kriege geben zwischen unserer KI und der eines anderen Planeten?

Die Distanz zum Mars setzt dem Menschen sehr zu. Noch ist auch unklar, ob wir dauerhaft vom Mars zum Mond oder gar zur Erde zurückkehren können, ob unser Körper und unsere Psyche das überhaupt verkraften."

Trotz aller Unwegsamkeiten will ich ein Wanderer bleiben von der Erde zum Mond, auf eigenen Willen immer wieder die Heimat verlassen wie ein junger Adler das Nest. Einer, der auszieht, ein Land zu erobern, das keine Geschichte hat und keine Sprache spricht. Mir geht dabei immer ein Gedicht vom Dichter Thomas Brasch durch den Kopf, der in ähnliche Worte gefasst hat, was mich bewegt:

Die ich liebe, werde ich nun verlassen und was ich habe, willich nun verliern, und wo ich sterbe, da will ich nun hin.

*

*

*

**Karin Posth,** geboren 1945 in Marienbad, lebt in Köln. Übersetzerin grad. und Versicherungsfachwirtin. 2010 - 2011 Fernstudium *Das lyrische Schreiben.* Ihr vierter Gedichtband: *Ein Gefühl, das nicht trägt* wurde mit einer Anerkennungsurkunde des 16. Wettbewerbes der Stiftung Kreatives Alter in Zürich 2022 ausgezeichnet. Vielfache Preisträgerin u.a. 2015 postpoetry.NRW.

**Marlene Dehina**

# Tristate City 2050

Unter der intelligenten Matratze summt sanft, doch unüberhörbar die neu erstandene Wecker- App. „Dein Frühstück ist fertig“, tönt Billys metallene Stimme aus dem Kaffeeautomaten. 6.15 Uhr, zeigt die Smartwatch an. Auf 24.5 Grad Celsius ist die Außentemperatur gestiegen; drinnen ist es angenehm kühl. Allein trinkt Murielle ihren Latte mit Hafermilch, sanft öffnet sich die Kühlschranktür. Ein Lichtstrahl fällt auf die Schüssel mit Algen Mus, chromfarbende Laserlettern leuchten vor ihr auf: ‚Vergiss nicht die Mineralien für dein Baby' verkünden sie.

Nach mehreren vergeblichen Versuchen ist Murielle endlich schwanger geworden, ein Mädchen wird es werden und Carla soll es heißen. Carla wie die Großmama, die in ihrem Mooswandzimmer friedlich schläft. Zu dieser frühen Morgenstunde ist auch der Schwimmbereich, oben auf der Dachterrasse noch menschenleer. Nicht unbedingt ordnungsgemäß hängt Murielle ihren Bademantel über die Photovoltaik Balustrade, tief unten fließt schweigend der Rhein. Seit dem letzten Unwetter ist sein Pegelstand beträchtlich angestiegen. Flussabwärts, inmitten von Dunstschwaden liegen drei künstliche Inseln, im vorigen Jahrzehnt erst wurden sie aufgeschüttet und bebaut.

Gutgelaunt, kopfüber springt Murielle in das kühle Wasser des Pools, krault ihre zwanzig Runden und dreht sich dann auf den Rücken. Während sie in den diaphanen Himmel blickt, lässt sie die beiden letzten Tage Revue passieren. Vier Videokonferenzen mit Harlie, dem Sprachroboter hat sie organisiert, und heute werden die Klassen ihre Ergebnisse präsentieren. Dann soll sich entscheiden, ob Murielle ihre Beförderung zur Supervisorin für Japanisch und die damit verbunden Gehaltserhöhung erhalten wird. Eigentlich verdient sie als Sprachcoach auch nicht schlecht, jedoch nicht annähernd so viel wie Sakura.

Auf einer Fortbildung haben sie sich kennengelernt und fast augenblicklich ineinander verliebt. Sakura war frisch geschieden, Murielle erst seit kurzem in Tristate City angekommen. Nun leben sie zusammen in der Maisonette von Großmama Carla, vergangene Katastrophen scheinen längst vergessen zu sein.

Schnatternd fliegt ein Schwarm grüner Halsbandsittiche Richtung Fluss, für Murielle wird es Zeit aufzubrechen. Im Living Space sitzt die Großmama lesend vor ihrem kobaltblauen Rilke Band. Fast hundert Jahre ist sie und weiterhin recht aktiv. Ihre grauen Haare aber und die zahllosen Falten will sie nicht behandeln, ihr obsoletes Smartphone und all die verstaubten Bücher partout nicht entsorgen lassen.

„Das nächste Mal gehe ich mit dir schwimmen“, behutsam streichelt Großmama über Murielles leicht gewölbten Bauch. Sie freut sich wie Sakura auf das Baby, dessen Erzeugersperma, nach ihrer aller Wunsch, von einer dänischen Samenbank stammt.

*„…ein Leben bang und riesenhaft und reifend*
*so dass es, bald begrenzt und bald begreifend,*
*abwechselnd Stein in dir wird und Gestirn.“*

Großmamas Augen glänzen, besorgt drückt Murielle ihre Smartwatch gegen Großmamas Puls; Temperatur, Blutdruck und Blutzucker indessen sind gänzlich im Normbereich geblieben. Nichtsdestotrotz schlägt Großmama ihr Buch verärgert zu.

„Sakura“, sagt sie, „hat angerufen. Sie erwartet dich schon in diesem Wellness Paradies.“

Wie zur Entschuldigung haucht Murielle einen Kuss auf Großmamas silbergrauen Scheitel; Sakura nämlich hat auf einer der künstlichen Rheininseln ein Hotelzimmer für sich und Murielle gebucht. Murielle muss sich beeilen, auch wenn sie in kluger Voraussicht ihren Koffer bereits am Vorabend gepackt hat. Gleich nach der Examensprüfung, so ist es geplant, wird ein Lufttaxi sie auf die Rheininsel bringen. Eilig zieht sich Murielle an, ihr Kleid ist aus einem teurem Lyocell Stoff, der ab 25 Grad automatisch kühlt und von schimmernd türkiser Farbe ist - genau wie Murielles und wie Großmamas Augen. Deren Stimmung hat sich inzwischen wieder gebessert. „Ich drücke dir die Daumen für die Prüfung" ruft sie der Enkelin zu, „und wenn ihr zurückkommt feiern wir, so oder so und zwar ganz altmodisch mit Champagner. Fadila wird alles vorbereiten." Fadila lebt in einem der östlichen Stadtviertel und kümmerte sich um den Haushalt der drei Damen.

Über den mit Solarpanelen überdachten Balkon gelangt Murielle zum Fahrstuhl, die Luft ist angenehm frisch, denn überall sind die Wände mit Moos bepflanzt. Draußen auf der Rheinstraße hingegen ist es recht heiß geworden, kein Windhauch bewegt die Palmen, die ersten Badegäste streben auf die im Fluss integrierten Schwimmbecken zu. Im Parkhaus des Souterrains gibt es zurzeit noch eine große Auswahl von Rollern, Fahrrädern und Elektroautos. Mit Hilfe ihrer Smartwatch öffnet Murielle den nächstbesten Wagen, er sieht wie ein überdimensionales Ei mit Fenstern aus. Sie verstaut ihren Koffer und ihre Tasche, schaltet mit ein paar Klicks die gewünschte Innentemperatur, das Unterhaltungsprogramm und die KI–Navigation ein; langsam, wie vorgeschrieben setzt sich das Gefährt in Bewegung. In aller Ruhe kann Murielle sich nun eincremen, schminken und noch einmal die Präsentationen ihrer Klassen überprüfen, bis dann, wie stets zur vollen Stunde, die tiefenentspannende Musik von der zentralen Nachrichtensendung unterbrochen wird:

„*Durch das Schmelzwasser des Aletschgletschers wurde die Stadt Konstanz komplett überflutet, die internationale Umweltkonferenz in Helsinki ist ohne ein gemeinsames Kommuniqué beendet worden*", tönt eine metallene, geschlechtsneutrale Stimme in Murielles Ohr, *„die Brände im Süden weiten sich aus, eine Hungersnot bedroht jetzt auch Malawi und die Nachbarländer.“* Murielle holt sich aus dem Kühlfach einen eisgekühlten Cannabis Tee, voll Sehnsucht denkt sie an ihr Wochenende mit Sakura. Nach mehreren Reklameflashs schaltet sich die wohlbekannte Nachrichtenstimme erneut ein. *„Die amerikanische und die chinesische Präsidentin sind am Vorabend am Tagungsort der pazifischen Föderation angekommen, ein Krisengespräch über die Bürgerkriege im Osten wurde abgelehnt,“* verkündet sie. Wie immer tut der Tee Murielle ausgesprochen gut. Erst als die meteorologische Station eine Unwetterwarnung herausgibt, ist es um ihre Ruhe geschehen. Ungefähr gleichzeitig hält der Wagen vor den Ladestationen, von da führt ein Rollband direkt in den gläsernen Schulturm; in der Ferne ziehen dunkle Wolken auf.

Während Murielle, ein wenig verunsichert, doch weiterhin optimistisch auf die Schulaula zustrebt, schläft Fadila, die Haushälterin noch immer in ihrer winzigen Wohnung. Alarich, ihr Mann ist längst aufgestanden, um Cora und Ares zur Schule zu bringen. Zwei Cliquen haben es auf die beiden Kinder abgesehen, die eine wegen ihrer aus der Zeit gefallen Kleidung, die andere kommt von weiter her, genauer genommen vom Müll-Areal, wo jüngst ein paar ausrangierte Wohnwagen für illegale Einwanderer aufgestellt wurden. Fadila, die Krieg und Vertreibung erlebt hat, stört das nicht, wohl aber Alarich. Denn dessen Eltern besaßen, bevor sie in die Pleite getrieben wurden, zahlreiche Landparzellen mit Rübenfeldern und Obstplantagen, dazwischen ein großes, wunderschönes Backsteinhaus. Es stand ungefähr da, wo man später Hochhäuser aus Billigbeton baute, in denen auch Alarich schließlich ein Zuhause fand. Denn Tristate City, die größte Metropole der Welt, hat nicht allen zum Vorteil gereicht, auch wenn sie viele vor dem Schlimmsten bewahrte. Wie Fadila zum Beispiel, für die das reine Überleben schon höchstes Glück bedeuten mag.

Unerträglich heiß ist es geworden, aus den Abwasserschächten dringt ein Geruch von faulen Eiern. Cora und Ares indessen haben sicher die Schulcontainer erreicht. Verstohlen geht Alarich auf die Abfallhügel zu, wo sich für ihn und seine Freunde durchaus einige Beschäftigungsmöglichkeiten auftun könnten. In der Innentasche seiner Jacke hält Alarich einen Jutesack verborgen, zuweilen gelingt es ihm ein Kaninchen oder anderes Getier zu fangen. Die Kinder würden sich freuen über ein Ragout, Fadila ahnungslos bleiben. Sie muss bis zum Abend ja bei dieser reichen alten Dame bleiben – wo es im Übrigen nur Steaks aus Stammzellen gibt. Fleisch also ganz ohne Grausamkeit produziert, aber unerschwinglich für einen wie Alarich. Denn auch wenn Fadilas Gehalt nicht schlecht ist, reicht es höchstens für das Nötigste. Unüberhörbar knurrt Alarichs Magen, mit aufgerichtetem Schwanz schleicht ein noch junger Kater an ihm vorbei. Bevor Alarich reagieren kann, schellt das alte Smartphone in seiner Hosentasche. Es ist Fadila. Sie ist auf dem Weg zur E-Bahn Station und hat von einem bevorstehendem Unwetter erfahren. „Mach dir bloß keine unnötigen Sorgen", knurrt Alarich voller Wut, den Kater nämlich sieht er nicht mehr. „Du musst die Kinder vor Mittag von der Schule abgeholt haben, darum rufe ich an", erwidert ihm Fadila, schnippisch wie meist, „verzichte also auf euer Kartenspiel und den selbstgebrannten Schnaps - für heute. zumindest!"

Sie steht am Bahnsteig vor einem überdimensionalen Infoscreens, auf dem sich vielsprachige Meldungen und bunte Warn-Icons sporadisch abwechseln. Fadila trägt ein ausrangiertes Kleid von Sakura, aus einem lichtaktiven, selbstreinigenden Stoff gemacht. Die Leute sehen sie eher bewundernd als verächtlich an. Lautlos fährt die E-Bahn aus dem Tunnel, nach 10 Minuten ist Fadila im vornehmen Semiramis–Stadtteil angelangt. Die hochmodernen Hochhäuser aus Holz sind, wie einst in Babylon, von hängenden Terrassengärten umgeben, die Luft deshalb viel weniger stickig als in Fadilas armseligen Siedlungsgebiet. Surrend wie ein

Bienenschwarm fliegen Paketdrohnen auf und ab, landen schließlich zwischen den Farnkübeln der Balkone. Während der gelegentlichen Stromausfälle ist es Fadila zuweilen gelungen, einige Päckchen unbemerkt an sich zu nehmen, ansonsten sind die perfekt verborgenen Überwachungskameras allgegenwärtig; seufzend steigt Fadila in den moosbewandeten Aufzug.

Oben, im 12. Stock sitzt Frau Carla in ihrem orthopädischen Sessel und schreibt; sie ist über einen Soundbeamer mit dem zentralen Musikprogramm der Stadt verbunden. Vor ihr mautzen Mi und Mo, die niedlichen Roboter Kätzchen. Frau Carla würdigt sie keines Blickes. Voll Freude hingegen begrüßt sie Fadila. „Ich bin für zwei Tage ohne die zwei Optimierungsspezialistinnen, hole uns einen Kaffee und die Spirulina Törtchen." Mit ‚Optimierungsspezialistinnen' spielt Frau Carla auf Sakura und auch auf Murielle an, zuweilen werden sie auch ‚Hohl-Hedonistinnen' oder ‚Gegenwartsverliebte' genannt. „Auf was für Ideen die Großmama kommt", pflegt Murielle dann zu sagen, während Sakura höflich lächelt und schweigt.

Fadila stellt das Frühstückstablett auf den Beistelltisch, dann holt sie aus einem verborgenen Wandfach zwei alte Fotoalben hervor. Die meisten Bilder sind von Murielles Eltern, über die außer Frau Carla niemand mehr spricht. Erinnerung, Trauer gar, sind in Tristate City nicht angebracht, vor allem nicht in den vornehmen Vierteln der Stadt.

Nachdem Frau Carla und Fadila ihren Kaffee getrunken, die Törtchen verspeist haben, sehen sie sich die Fotos aus den geheimen Alben an. Wie stets erzählt Frau Carla wieder von den alten Zeiten. Sie wirkt währenddessen so bewegt und aufgewühlt, als wäre Vergangenes ihr für immer lebendig geblieben. Voller Zärtlichkeit, dankbar fast, streichelt Fadila Frau Carlas faltige Rechte, erst nach Mittag bringt sie die Alben in ihr Versteck zurück.

Schnell und effektiv erledigt Fadila sodann das obligate Arbeitsprogramm, schaltet den Putzroboter ein, bestellt die nötigen Einkäufe und bereitet die Mahlzeiten mit Hilfe eines 3D- Druckers zu. Nach dem Mittagessen ruht Frau Carla gewohnheitsgemäß, während Fadila ihr auf dem antiken Klavier die Impromptus von Schubert vorspielt, weil die in der urbanen Musikzentrale seit langem nicht mehr erhältlich sind. Draußen regnet es schon seit Stunden, der Himmel ist nachtschwarz geworden, es blitzt und donnert fürchterlich. Während des abschließenden F-Moll Impromptus prasselt ein Wolkenbruch mit nie gekannter Wucht auf die Straßen und den Fluss, überall gehen die Lichter aus.

„Ich will im Flur nach dem Rechten sehen", murmelt Fadila und eilt die Treppe hinunter, vorsorglich nimmt sie eine Tasche mit. Im Hochparterre lebt eine Familie mit zwei Kindern – Fadila ist da schon häufiger fündig geworden. Auch heute findet sie drei Päckchen und steigt mit ihrer triefenden Beute so schnell wie möglich in den 12. Stock hinauf. Sie kommt gerade noch zur rechten Zeit in der Maisonette an. Frau Carla steht zitternd vor der Terassentür, sie hat leise zu weinen begonnen. Ganz unbemerkt verstaut Fadila die nasse Reisetasche hinter die Badezimmertür, dann brüht sie einen hanfgrünen Teesud auf, der wie immer beruhigend auf Frau Carlas Nerven wirkt.

„Wir werden alle untergehen", hört sie vom Flur eine Frauenstimme klagen; Frau Carla schlürft ihren Tee indessen, versucht mit ihrem alten Smartphone vergeblich Murielle oder Sakura zu erreichen. „Keine Sorge, sie sind längst sicher untergebracht in einem Rettungsboot, so haben sie es mir geschrieben", lügt Fadila. Tatsächlich hat sie bloß eine Nachricht von Alarich erhalten. Durch die beschlagenen Fensterscheiben schimmern dunkel die Wasser des Rheins, sie scheinen alles mit sich zu reißen.

Unüberhörbar wird an die Eingangstür der Maisonette geklopft, die Bewohner der unteren Etagen suchen Schutz vor dem Ertrinken. „Auf der Dachterrasse", schreit ein Mann ganz außer sich,

„haben wir selbst im Pool keinen Platz mehr gefunden."

Fadila lässt die Leute alle herein und stellt sich dann schützend neben Frau Carla. Jedweder Kontakt zur Außenwelt ist unmöglich geworden, nur die Verbindung mit Alarich bleibt noch für eine kurze Weile bestehen. „Die Abflussrohre im Ostteil der Stadt haben Straßen, Keller und Parterres überschwemmt. Mir und den Kindern geht es relativ gut, " schreibt er ihr, bevor auch dieser Anschluss erlischt.

„Ich wünschte, wir könnten zu euch fliehen", denkt Fadila bei sich. Sintflutartig fällt der Regen auf die Stadt hinab, wieder schrillen warnend die Sirenen.

*
*
*

**Marlene Dehina,** geboren am Niederrhein, Studium der Romanistik und Anglistik in Köln, Clermont-Ferrand und London; Studienrätin in NRW und am Goethe Institut Algier. Seit kurzem wohnhaft zwischen Ile de France und dem Rheinland. Teilnahme an verschiedenen Schreibwettbewerben, Veröffentlichung eines Romans unter Pseudonym.

## Eva Beylich

# Schnecken im Salat

Es hatte lange gedauert, bis unser Flach-Dach in der Rentner*innen WG endlich genug nährstoffreiche Erde hatte, damit ich eigenes Gemüse und Salate anbauen konnte. Fast jede/r hier bemüht sich um eine Renaturierung der Dächer, auch wenn sie immer im Konflikt mit den Solarzellen und Windrädern stehen, denn diese brauchen auch Platz. Unser Haus ist autark, wir müssen keine Energie dazukaufen. Vom Dach hat man einen herrlichen Blick über die grüne Landschaft. Ab und zu surrt ein Elektro-Helikopter vorbei, aber insgesamt ist es friedlicher und leiser geworden. Mein Salat war dieses Jahr gut aufgegangen. Kurz vor der Ernte bemerkte ich aber Fraßschäden: Löcher in den Blättern. Den Fraßformen nach müssten es Schnecken sein. Aber wie kommen diese auf das Dach? Ich legte also Bretter aus, denn bekanntlich ziehen sich Schnecken bei Nacht gerne unter feuchte Holzstücke zurück. Nichts. Eines Tages bemerkte ich ein seltsames Wesen auf einem hohen Stängel: Eine Weinbergschnecke, aber rundum bemalt. Ist das Kunst, oder muss ich das Lebewesen absammeln? Nach drei Wochen waren es schon zwei bunte, schleimende Kunstwerke. Irgendwer musste Zugang zu meinem Hochgarten auf dem Dach haben. Noch hatte ich Geduld, sammelte die zwei Kunstwerke ein und gab ihnen gezielt in einer Schüssel Salatreste zu fressen. Wenigstens hatte ich sie so unter Kontrolle. Eigentlich waren sie sehr hübsch anzuschauen: Abstrakte, farbige Muster, die die natürliche Färbung der Weinbergschnecken in Kunstwerke verwandelten. Auf einem Flohmarkt fand ich Wochen später einen Stand mit bemalten Weinbergschnecken, allerdings unbewohnte, wohl im Weinberg verstorbene Schleimtiere. Wer aber schickte lebende Schnecken in meinen Garten? Eines

Tages fand ich eine Schnecke, nicht besonders schön bemalt, dafür aber mit Namen. Wieder ein Rätsel. Vier Wochen später fand ich eine Schnecke mit einer Handynummer. Jetzt wurde ich endgültig neugierig. Ich legte mich auf die Lauer. Eines Tages summte es leise über meinem Gemüsebeet: Eine Drohne stand über dem Salatbeet mit einer an einem Art Greifarm befestigten farbenfrohen Schnecke, wie immer kunstvoll bemalt. Ganz langsam öffnete sich der Greifarm und die Drohne entließ die Schnecke sanft in mein Beet. Da wurde mir klar, dass ich etwas unternehmen musste. Ich fing mit der Handynummer auf dem Schneckenhaus an und fasste Mut. Auf das Klingeln antwortete eine Ansage, ich solle mich am 28. Juli in der Markthalle beim Stand Nummer 28 um 18 Uhr einfinden und mindestens eine Schnecke mitbringen. Dieses Abenteuer wollte ich nicht versäumen, denn als alleinstehende Rentnerin kam ich nur noch selten aus dem Haus. Meist ging ich nur gelegentlich in unserer Wohngemeinschaft zu Gruppenveranstaltungen. Als ich mich am 28. Juli bereit machte, auszugehen, hatte ich eine Schuhschachtel mit den schön bemalten Schnecken unter dem Arm. Direkt vor unserer Haustür befindet sich ein öffentliches, kostenloses Verkehrsmittel, in das man jederzeit einsteigen und dann wetterunabhängig damit fahren kann. Leise schnurrend zog das übertunnelte Förderband dahin, ohne zu ruckeln. Wenn man älter wird, liebt man diese Art der Fortbewegung. Natürlich gab es auch elektrische Helis, aber die musste man vorbestellen und hatte immer Wartezeiten. Das Transportband konnte fast überall bestiegen werden, denn es bewegte sich nur sehr langsam, aber stetig. So viel sportlichen Ehrgeiz hatte ich noch. Auch bei Regen war man geschützt. Zwischen den Haltestellen wurde das Band immer etwas schneller, aber nie so, dass man nicht noch ruhig stehen konnte, wenn man sich an der Reling festhielt. Für Ältere gab es sogar kleine, ausklappbare Sitze.

In der Markthalle waren bereits viele Leute versammelt, alle mit irgendwelchen Schnecken in Tüten oder Schachteln. Wir beäugten uns neugierig. Einer der Teilnehmer ergriff das Wort und teilte uns mit, dass wir ausgewählt wurden, indem man uns kunstvolle Schnecken ins Beet mischte. Wir wären Teil eines sozialen Experiments, aber auch Teil einer Kunstaktion. Früher nannte man diese Treffen wohl Speed-Dating. Er erklärte kurz die Kunstaktion und das geplante soziale Experiment. Es wurde uns freigestellt, wieder nach Hause zu gehen oder teilzunehmen. Ich entschied mich zu bleiben. Zwar lebte ich in einer WG, aber viele meiner Freunde waren weggestorben oder hatten sich verändert. Arg viel Abwechslung gab es für mich in der WG nicht mehr. Jede/r mit einer blau bemalten Schnecke sollte sich zu jemand anderem stellen, der die gleiche Farbe erhalten hatte. Wir sollten spontan miteinander reden. Eigentlich kein Problem, denn alle Anwesenden hatten ja einen kleinen Garten, somit hatten wir alle einen gemeinsamen Nenner. Gesprächsstoff gab es genug. Wir sprachen über unsere Reaktionen auf die Schnecken, auch über die verschiedenen Methoden, Schnecken biologisch vom Garten fernzuhalten, über natürliche Feinde wie Igel und ähnliche Themen. Später sollten wir auch einen Fragebogen ausfüllen, der sich ebenfalls mit unseren Reaktionen auf die Kunstaktion auseinandersetzte. Auch für die Auswertung mussten wir unsere Zustimmung geben, zum Glück sollte es anonym bleiben, denn es gab auch Menschen, denen diese Aktion gar nicht gefiel, weil sie zu spät die Schnecken entdeckt hatten und die Beete bereits leergefressen waren. Ich wechselte während der Kennenlernrunde mehrfach den Partner oder die Partnerin. Manche hatten gar kein Verständnis und wenig Humor. Deshalb war ich dann froh, den Partner oder die Partnerin immer mal wieder austauschen zu können. Ein älterer Herr gefiel mir besonders. Er war durch Gartenarbeit gut durchtrainiert und wirkte fröhlich, unterhaltsam, humorvoll und gesund. Wir tauschten Kontaktdaten aus, indem wir

Schnecken-Tausch mit unseren Handynummern darauf machten. Er nutzte seine Drohne, um mir Nachrichten zukommen zu lassen. Nach zwei Wochen kam es zum ersten Date in meiner WG- Dachgeschosswohnung. Dann folgten weitere Treffen. Wir verstanden uns immer besser. Die Idee mit dem Drohnen-Schnecken-Dating gefiel uns so gut, dass wir uns ebenfalls einmischten und anfingen, unsere Schnecken per Drohne an andere zu verschicken, nur leider ohne eine ähnliche zündende Idee wie das soziale Experiment, das uns zusammenbrachte. Auf Dauer hätten sich unsere Schnecken nur vermehrt, dann wäre es aus gewesen mit der Selbstversorgung mit Salat aus dem eigenen Garten. Irgendwie mussten wir sie ja wieder unauffällig loswerden. Mein neuer Freund war ein Tüftler und konnte so an unsere Drohne auch einen Mechanismus anbringen, der unsere Schnecken in andere Gärten gefahrlos entließ. Er war ein kreativer Mensch, so dass wir auch viel Zeit gemeinsam mit Bemalen von Schneckenhäusern verbrachten. Unsere glorreichste Idee waren Schnecken mit Haikus oder Kurzgedichten. So verschickten wir zum Beispiel dieses Gedicht:

Ich bin deine Schnecke,
doch jeder trägt
sein Haus allein.

Meine Silberspur
bleibt selbst im Regen
dir ersichtlich.
Folge mir leise.

Meine Fühler sind weich.
Doch kein Winter ist so hart,
dass ich mich nicht

bedeckeln könnte.
Zu zweit können wir
alleine bleiben unter Zweigen.
Lautlos ziehen wir dahin -
bis einst wir enden im Salat.

Manchmal kugelten wir uns vor Lachen, wenn wir solche Gedichte schrieben. Mit der Zeit wurden wir immer einfallsreicher und stachelten uns gegenseitig an. Es schweißte uns auch mehr und mehr zusammen.

Manchmal waren aber auch nachdenkliche Haikus darunter, wie etwa:

Regenschneckenspur
kriecht über deine Tage
am Klinikfenster

Das Haiku entstand, als mein neuer Freund wegen Herzproblemen zum Check-Up in die hochmoderne Klinik musste. Zum Glück war es nichts Ernsthaftes.

Jedenfalls kamen immer Schnecken oder deren Häuser in unseren lyrischen Ergüssen vor. Wir überlegten sogar, gemeinsam einen Lyrikband über Schnecken herauszugeben. Wir wurden immer kreativer. So entstand auch das Haiku über die Ordnungsliebe:

Schnecken im Gebüsch
seine Ordnungsliebe stört
den flotten Dreier

Haikus konnte man direkt auf den Schneckenhäusern unterbringen, längere Gedichte mussten wir mit Fäden befestigen. Manchmal philosophierten wir auch dichterisch:

Betrete die Unendlichkeit
des inneren Raums
ohne Begrenzung
keine Eile
keine Ungeduld
der Mittelpunkt ist überall
die Grenzen sind nirgends

Eines Tages, an einem Markttag, hörte ich zwei Damen miteinander reden. *Stell dir vor, in letzter Zeit habe ich vermehrt Schnecken in meinem Beet. Mit Chemie wollte ich nicht dagegen angehen, Bier war mir auch zu schade, aber ich wollte wissen, ob es immer die gleichen Schecken sind, oder wie oft die gleichen zu uns kommen. Meine Tochter half mir, die Schneckenhäuser mit Zahlen und Namen zu verschönern. Es ist erstaunlich, aber es kommt zum Beispiel immer wieder Frieda und Heiner in unser Beet, auch die Nummer 007 ist häufig zu Gast. Irgendwann haben wir unsere Schnecken im Heli mitgenommen und weit weg ausgesetzt, um zu sehen, wie weit man sie transportieren muss, bis sie nicht wieder kommen. Sozusagen auch ein Biologie-Experiment. Unsere Tochter bekam immer mehr Spaß an der experimentellen Malaktion. Ihre Muster wurden immer exklusiver und die Schnecken mussten länger still halten. Inzwischen macht sie sich ein Vergnügen daraus, andere Leute damit zu beglücken.*

Ich mischte mich nicht ins Gespräch ein. Aha, diese Lösung gab es also auch. Vielleicht war daraus dieses Schnecken-Speed-Dating-Kunstexperiment entstanden.Welch eine tolle Idee. Inzwischen liebe ich die farbigen Kunstwerke. Allerdings habe ich immer noch Hemmungen, lebende Weinbergschnecken zu bemalen, die bereits abgelegten schneckenfreien Gehäuse sind mir lieber. Inzwischen ist daraus ein Hobby geworden. Auf Märkten verkaufen sich die Kleinode recht gut. Der Renner sind aber die noch lebenden Juwelen der Schleimproduzenten. Zwei der schönsten Gartenfunde haben ich zur Erinnerung behalten und inzwischen lieb gewonnen, den Rentner aber auch. Mit ihnen teile ich jetzt meinen Dachgarten und den Salat.

*

*

*

**Eva Beylich,** geb. 1957, Studium Literatur, Sport und Kunst; OST-Rätin a.D.; veröffentlichte zwei Lyrikbände: *Schwanenschaukel* im Engelsdorfer Verlag und *Verwicklungen* im Einhorn Verlag. Zahlreiche Preise. Weitere Veröffentlichungen in Anthologien und Zeitschriften. Vorsitzende der *KünstlerGilde e.V.*

E.Ch. Neubauer; Objekte aus paperclay, gebrannt (2018)

## Emanuel van Claar

# Die blaue Kugel

„Zum Lyrikcampus!"

Ein tastender Strahl erfasste sein Handgelenk, der seitliche Bildschirm leuchtete hell auf und ein Frauengesicht wurde in kühler Schönheit sichtbar.

„Sehr wohl, Eure verehrte Wesenheit Jahn, Lyrikcampus. Route 32."

Der silberne Elektro-Van Baureihe 51 e setzte sich mit einem kaum merklichen Ruck in Bewegung. Erst fuhr das Fahrzeug leicht schräg nach vorne, beschleunigte dann und stieg endlich in sanften Spiralkurven rasch in die Höhe.

„Route 32 erreicht", meldete schließlich monoton die künstliche Stimme.

Vor den allseitigen Panoramafenstern zog die Silhouette der großen Stadt vorüber. Fahrzeuge über Fahrzeuge. Rote, blaue, gelbe. Links und rechts Hochhäuser in allen Grüntönen, die Fassaden bedeckt mit frischen Bäumen und grünem Buschwerk, auf den Dächern leuchtend spiegelndes Solar. Irgendwo dazwischen fast klein und verloren wirkend die Türme des Doms. Hans-Henning Jahn lehnte sich entspannt zurück. Mit einer unmerklichen Geste aktivierte er an der Hand die ‚Neus', und schon erschienen die Morgennachrichten direkt vor seinem Gesichtsfeld:

*Samstag, 30. August 2053.*
*Krieg in Zentralafrika vor entscheidender Wende?*
*Unser neues Bürgerpflichtengsetz in der ersten Lesung im Europarat.*
*Das Leben in den Seestädten in den Fluten des Indischen Ozeans*
*CO2 Gehalt auf neuem Tiefstwert*

Und:

*Heute Eröffnung des zentralen Poeticums aus Anlass des 100. Geburts-*

*tages von Harald Westergard, Poeta Laureatus und Mitbegründer der Literatengruppe 84.*

Jahn nickte lächelnd. Wenn der gute Harald mitbekommen hätte, was sich aus dem Werk Hanna Fossas und seinem Tun entwickelt hatte. Er erinnerte sich genau an die Krise vor gut 30 Jahren. Die Zeit, als er selbst ein Jüngling gewesen war. Das Treffen auf Schloss Oberbrück. Nur knapp ein Dutzend der Mitglieder waren anwesend und keiner von ihnen zeigte sich bereit, Posten zu übernehmen und so künftig den Verein weiter mitzutragen. Alles aus respektablen Gründen, wegen des Alters, wegen Krankheit und Arbeitsüberlastung. Nach drei Stunden der Diskussion schien es festzustehen: „Wir lösen uns also auf", so die Worte Klaus Nettenburgs.

„Die einzige Lösung, die ich sehe", griff Harald Klausens Worte auf, „wäre es, für die aktuell offenen Aufgaben eine KI einzustellen!"

„Das ist nicht wirklich dein Ernst", protestierte Erdmuthe Overmanns, eine der Gründungsmütter der Gruppe. „Schlimm genug, dass wir häufig nicht mehr sicher sind, ob die eingesandten Beiträge computergeneriert sind, jetzt wollen wir uns selbst durch KI ersetzen."

„Darum geht es nicht", widersprach Harald. „Ich habe mich im Vorfeld bereits mit unserem Hauptsponsor Heimwohl ausgetauscht. Er als Mathematiker könnte sich das Ganze gut vorstellen. Folgendes ist denkbar ..."

Nach wochenlangen Diskussionen, zahlreichen Beratungen und teils harschen Disputen, gut ein Drittel der Mitglieder verließ aus Protest gegen die anvisierte Neuerung den Verein, hatte der verbliebene Vorstand vorsichtig mit dem Umsetzen des neuen Konzepts begonnen, das jetzt auch die Textproduktion und Bewertung der Wettbewerbsbeiträge umfasste. Irgendwie bekam die Presse von dem Geschehen Wind und ließ sich in verschiedenen Beiträgen über das Thema ‚Literarische KI' erschöpfend aus. Kein Wunder, dass auch ein führender Jemand bei SAP ebenfalls von der Sache hörte und Interesse bekundete. Als sogar das Bundesforschungsministerium aus seinem permanenten Schönheitsschlaf erwachte, standen der kleine Verein und seine ‚verrückte' Idee plötzlich im Fokus der Öffentlichkeit. Gelder flossen, die Mitgliederzahl erreichte Ende des Jahres 25 die Zehntausender Marke und das bisher mitunter verschwommene Projekt nahm deutliche Konturen an. Natürlich gab es auch Rückschläge, manche Dinge blieben zunächst Wunschdenken beziehungsweise der Widerstand gegen den Einsatz einer KI vor allem im Sektor Lyrik hemmte ein schnelles Vorwärtskommen. Der Durchbruch gelang im Jahre 2027, als mit der Romantrilogie ‚Erdenkringla', entstanden aus Beiträgen der 13 führenden Mitglieder und der zentralen Vereins-KI, ein wahrer Welterfolg erzielt wurde. Fünfzehn Auflagen erschienen allein in Deutschland! Plötzlich wurde Lesen wieder zum Volkssport. Und mithilfe der KI auch das Schreiben. Dann ging es in Riesenschritten weiter …

Der E-Van kurvte zum Landeanflug ein, bremste das Tempo ab und setzte schließlich butterweich auf dem Boden auf.

„Das Ziel Lyrikcampus ist erreicht. Der Fahrpreis in Höhe von 17 Neuros wurde abgebucht. Beehren Sie uns bald wieder, geschätzte Wesenheit Jahn."

Die Seitenklappe fuhr in die Höhe. Jahn verließ das kugelige Fahrzeug und trat auf den von Platanen beschatteten Rainer-Maria-Rilke-Platz.

Vor ihm erhob sich der imposante lichte Bau des Poeticums. Er war als ein dreizehnstufiger Tetraeder in der Größe der Cheopspyramide konzipiert worden. Ähnlich wie sein Pendant vorm Louvre bestand er vollständig aus Glas, sodass das Innere von außen gut einsehbar war. In seiner Mitte hing, einem Foucaultschen Pendel gleichend, an einer silbernen Kette eine riesige blaue Kugel.

‚Die neue Blaue Blume ist eine Kugel' hatte vor Kurzem die NEUE ZEIT in Großbuchstaben verkündet und dem Projekt eine ganze Seite online plus gewidmet. Und BILD heute spekulierte: ‚Wohin bringt uns die Blaue Kugel? Quer durch die Zeit?' SPEC-

TRUM vermutete dagegen ‚Viel Lärm um nichts!'

Was aber tatsächlich der Sinn und Zweck des Baus und seiner Installation sein sollte, hatte der Leiter der poetischen Architekturabteilung Herbert von Wackenroth trotz hartnäckiger Fragen nicht verraten. Heute endlich aber würde von Wackenroth, gemeinsam mit Juliane, der jüngsten Enkeltochter Westergards, nach dreijähriger Bauzeit das Gebäude für ein auserwähltes illustres Publikum öffnen und seine besonderen Funktionen und Möglichkeiten präsentieren.

Vor dem Eingang, zu dem ein roter Teppich führte, stand bereits die literarische Avantgarde der deutschen Gegenwart für das obligate Simpel-Chat-Foto versammelt:

Die Bachmannpreisträger Rubrik Mensch Laura Breh und Robin Welzbacher, Nalani Eicker und Julia Benz (Leipziger Messepreis KI) und die bekannten Multiversserienautoren Florian Wintels und Lisa Pauline Wagner sowie Sarah Falk, die letztjährige Literaturnobelpreisträgerin (Kategorie Menschmaschine). Um sie herum ein Kreis von schwarz uniformierten Sicherheitseinheiten der Stufe 3 sowie, im gehörigen Abstand, eine kleine Gruppe von Schaulustigen, die nach wie vor dem echten Miterleben gegenüber einer ‚passiven' Sendung im Multiversum den Vorzug gaben.

„Da kommt der Jahn!"

Die Schwebekameras von Multivers flogen summend in seine Richtung.

„Sind Sie gespannt, was Sie erwartet, Herr Professor?" tönte wie aus dem Nichts die Stimme Klaus Hundlingers, des Starreporters der Multivers Medial Corporation. Der bald 80-jährige Hundlinger war eine lebende Legende, der einzige noch aktive Journalist, der nicht durch eine KI ersetzt worden war.

„Geben Sie unseren Miterlebenden einen ganz persönlichen Eindruck Ihrer momentanen Stimmung!", forderte der Reporter ihn auf.

„Bin gespannt", erwiderte Jahn und nickte. Weitere Fragen beantwortete er mit Schweigen und ging lächelnd weiter.

„Sie haben Professor Jahn gehört, verehrte Wesenheiten. Ganz klar, es geht um Spannung. Und wenn einer weiß, wie man diese erzeugt, dann Professor Jahn.“

Der Genannte erreichte gerade den Kreis der wartenden Literaten. Alle verbeugten sich leicht, während im Hintergrund Hundlinger weiter über die Eröffnung des Gebäudes und den versammelten Kreis der berühmten Schreibenden schwadronierte.

Da ertönte eine Fanfare und die Türen des Poeticums glitten lautlos auseinander.

„Willkommen im literarischen Garten der Fantasie liebe Wesenheiten. Begeben Sie sich auf den Weg zum Herzen des Poesie!“ Jahn bot Sarah Falk den Arm und, gefolgt von den anderen, traten beide in das Innere des geheimnisvollen Gebäudes. Ein breiter gekiester Weg führte sie über einen gläsernen Korridor in einen Saal in der Mitte der Pyramide oder vielmehr in ein herrliches, riesiges Gewächshaus. Eine fantastische Biosphäre: Ringsherum bis hoch zur kaum zu ahnenden Decke ragten allerlei seltene bunte Blumen und Bäume mit sonderbar gestalteten Blättern und Blüten empor. Ein magisches blendendes Licht verbreitete sich überall, ohne dass zu bemerken war, wo seine Quelle lag, zumal trotz der gläsernen Beschaffenheit der Wände die Außenwelt wie verschwunden schien, und auch keine Fenster zu sehen waren. Sowie die Gäste in die Büsche und Bäume hineinblickten, schienen sich dort vor ihnen lange Gänge in weiter Ferne auszudehnen. Im tiefen Dunkel breiter Zypressenstauden schimmerten geheimnisvolle Marmorbecken, aus denen sich wundersame Figuren erhoben. Kristallklare Strahlen stiegen aus ihnen empor und fielen plätschernd in leuchtende Kelche und Becken nieder. Stimmen und Vogelrufe erklangen und säuselten durch den Hain der wunderbaren Gewächse. Süße Düfte strömten auf und nieder. Dann öffnete sich plötzlich das Buschwerk und die kleine Gruppe fand sich im Herzen des Gebäudes wieder. Jetzt zeigte sich vor ihren Blicken das Pendulum der blauen

Kugel. Es hing in etwa auf der Augenhöhe der Besucher und bewegte sich im steten Kreisen.

Wie aus dem Nichts leuchteten die Projektionen zweier Personen vor Jahn auf. In der einen erkannte er die bärtige Gestalt des Leiters der poetischen Architekturabteilung Herbert von Wackenroth. Die andere war eine schlanke junge Frau mit langem schwarzem Haar. Sie mochte Anfang/Mitte zwanzig sein. Beide Projektionen trugen fließende weiße Gewänder, die ihnen das Aussehen je eines römischen Tempelpriesters und das einer Vestalin gaben.

„Wir heißen dich im Innern unseres poetischen Heiligtums willkommen, Hans-Henning“ begrüßte ihn von Wackenroth. „Erlebe und erfahre die neue Welt, die dir das Lyrik-Prosaicum erschaffen wird. Juliane, bitte!“

Juliane schob eine Haarlocke zur Seite und berührte mit der Linken sanft die blaue Kugel. Ein herrlicher Ton füllte den Raum. Er wurde laut und lauter, durchlief alle Tonleitern, um mit einem sanften Mollton endlich zu verstummen. Nun verblassten seine Begleiter und die nähere Umgebung. Jahn war es, als erhöbe er sich mitsamt der Kugel steil in die Höhe und schwebe mit ihr in eine schier unendliche Weite davon. Jetzt umgaben ihn immer mehr Kugeln wie große schillernde Seifenblasen. In ihrem Innern erschienen die Silhouetten von Städten und Landschaften, die Konturen von Bergen, Wäldern, auch Seen und Meere und vor allem die Gesichter von Menschen. Eine fast unendliche Zahl von Leben und Geschichten, die alle darauf warteten, mit jemandem zu sprechen, selbst zu erzählen, auch zu hören und zu agieren.

„Wisse, Hans-Henning“, erklang die sonore Stimme Wackenroths. „Wir haben sieben Jahre lang alle Bücher, die sind und die waren, in unsere Poeticum-KI eingegeben. Dazu sämtliche der großen Filme und Verfilmungen sowie aufgezeichnete Theaterstücke und die persönlichen Schriften der größten Literaten, sei es Shakespare, sei es Goethe, Racine, Dostojewski, Hamsun, Rabindranath Tagore und. Aber auch alle Tagebücher von Schauspielern, die Biografien großer Diven und die armer Poeten, von Jungen und Alten, von Arm und Reich, Tageszeitungen und zahlreiche Illustriertenjahrgänge, eben alles, dessen wir habhaft werden konnten, alles, alles. Nun ist die Welt endlich bereit für die Blaue Kugel des neuen Novalis, für die Novalistik, der Lehre der ewigen Universalpoesie. Sehe, höre, fühle und staune!“

Er vollzog eine Art von segnender Geste und wie ein Mantel legte sich eine der Kugeln um Hans-Henning. Sie schwebte davon und eine wahrhaft unendliche Reise durch Sonne, Licht und Nacht begann. Durch das Gestern, das Heute und das Morgen, durch all die Geschichte, die es je gab, gibt und geben wird. Was immer er sah, las, hörte und erlebte, es war wunderbar, es war schrecklich, es war fern und so nahe. Er fühlte, er lebte, liebte und kämpfte, wurde gleichsam geboren und starb.

Und eines Tages, mitten in einer der verträumten Geschichten, erwachte Hans-Henning. Er öffnete die Augen und sah, dass es gut war. Er löste den Blick von der Kugel, erhob sich, verließ das Poeticum mitsamt seinem Garten und kehrte, ohne weiter auf die Umgebung zu achten, zu Fuß nach Hause zurück. Der Kalender an der Wand der Wohnung zeigte das Datum:

Ein Septembertag – am Ende des heißen Sommer des Jahres 2023.

*

*

*

**Emanuel van Claar,** Jahrgang 1990 wurde durch seinen Fantasy-Zyklus *Angelos* (Liber 1 - 4. Gugra, Tübingen. 2014) einem breiten Publikum bekannt. Einer angedachten Verfilmung erteilte er eine Absage. Heute lebt und arbeitet der Autor in literarischer Abgeschiedenheit in Luxemburg.

## Angela Schützler

# Blinde Date

Doro stand vor dem Spiegel, um letzte Details zu richten. Der Scanner im Rahmen des Spiegels listete in der Spiegelfront ihre Makel auf. Das Makeup war zu dick aufgetragen und das Haar nicht genug gefestigt. Ihre Lider benötigten noch einen Farbstrich und die Lippen sollten laut Display ein helles Rosa statt einem knalligen Rot tragen. Sie nahm ihre Titanhandtasche, hielt den linken Handrücken an die Eingangstür, um abzuschließen. Der unter der Hand getragene Strichcode ermöglichte Doro ihr Auto des Modells X2 zu öffnen. Sie gab den Zielort per Sprachassistenten ein, sodass das Fahrzeug X2 autonom zum gewünschten Ort flog. Aus der Vogelperspektive sah sie ihre gläserne Stadt in einer Geschwindigkeit von 300km/h vorbeisausen. Das Ziel war ein Gourmetrestaurant auf dem bisher höchsten Turm der Scope City mit einer Höhe von 1100 m. Heute war nun das Blind Date Wirklichkeit geworden. Vier Wochen lang schrieben sich Doro und der Unbekannte auf der Dating Plattform „Paarship 30.0." Das X2 Modell landete punktgenau auf dem Dach des Turms. Doro stieg aus und ein Laserstrahl wies ihr den Weg zum außenliegenden Sky-Fahrstuhl. Die Iris beider Augen wurden gescannt, der Daumenabdruck über einer Glasfläche abgenommen, damit die Reservierung bestätigt werden konnte. Ein fahrender und sprechender Serviceroboter führte Doro an ihren Tisch. Der große Unbekannte war noch nicht vor Ort. Unpünktlichkeit mochte Doro gar nicht. Per Touchscreen tippte sie auf die Tischplatte und orderte ein Glas Whiskey, der in Sekundenschnelle an ihrem Tisch auf einem durchsichtigen Fließband serviert wurde. Sie kippte das hochprozentige Schnäpschen hinunter, um ihre Aufregung zu dämmen. Plötzlich verspürte sie etwas Wärme neben sich. Eine männliche Hand führte eine virtuelle Rose direkt vor ihre Nase. Doro drehte sich um und schaute dem großen Unbekannten zum ersten Mal in die Augen. „Ich darf mich vorstellen, Maxtom." Irgendetwas in seinem Gesicht war Doro suspekt. Er setzte sich ihr gegenüber und fixierte ihr Gesicht. „Dein Blutdruck ist hoch, 160:100. Dein Blut fließt zu langsam." „Also so einen liebreizenden Wortlaut zu Beginn eines Treffens hatte ich nicht erwartet." „Verzeihung, tut mir leid, ich wollte nicht unhöflich sein." Um seinen ersten Fehltritt zu überspielen, berührte er die Tischplatte und rief die Speisekarte auf.

Beide bestellten ein Menü;

Vorspeise: Insektenmus mit Kurkumaflocken

Hauptspeise: Tubenreis mit 3D Forelle

Dessert: Algeneis

Doro starrte dem Unbekannten ständig ins Gesicht. Maxtom fragte: „Was ist los? Stört dich etwas?" „In deinem Gesicht, diese Narbe, hattest du eine OP oder einen Unfall?" „Nein. Aber du hattest eine Blinddarmoperation, eine Fehlgeburt und einen Bruch am rechten Fußgelenk." Doro stierte Maxtom an. „Woher weißt du…?" „Ich kann es sehen." „Wie, du kannst es sehen?" „Ich kann alle deine Schichten sehen." Völlig entgeistert fragte sie: „Wie meinst du das?" Maxtom entgegnete: „Na, ich kann sehen, was sich unter deiner Kleidung verbirgt, was sich unter deiner Haut versteckt und was in den Organen geschieht." Doro wurde blass und räusperte sich. Plötzlich führte Maxtom seine rechte Hand zum rechten Auge und nahm es heraus. „Siehst du hier, mehrere Speicherkarten ermöglichen mir sämtliche Daten meines Gegenübers zu sehen, zu sammeln und zu speichern." Anschließend setzte er das Auge wieder ein. „Aber warum, ich meine, wozu brauchst du die Daten von anderen Personen?" „Ist doch Klasse, ich weiß alles über dich. Das ist doch das, was sich Frauen seit Jahrzehnten wünschen. Dass „Mann" alles über die Frauen(en)weiß." „Na prima", antwortete

Doro. „Dann sind ja all meine Ärzte auf einen Schlag überflüssig.“ Ihr Gespräch wurde durch das Summen eines heranfliegenden Drohnenschwarms unterbrochen. Das geruchsfreie Menü wurde serviert. Sie wünschten sich beide ein reserviertes „Guten Appetit“ und begannen verhalten zu essen. „Was ist eigentlich dein Beruf?“, fragte Doro. „Ich bin Radiologe.“ Doro setzte ihr Glas ab und tupfte sich den Mund mit ihrer Serviette ab. „Dann lag ich ja fast richtig. Frisst dich diese Datenüberflutung nicht auf?“ Maxtom legte sein Besteck ab und unterbrach sein Essen. „Nein, ganz und gar nicht. Im Gegenteil, ich revolutioniere die Medizin. Diese KI, dabei tippte er mit dem Zeigefinger auf sein rechtes Auge, wurde jahrelang erprobt, erforscht und bietet unendlich viele Möglichkeiten Krankheiten zu erkennen, zu diagnostizieren und zu heilen.“ Doro entgegnete: „Das klingt alles sehr gut, aber diese Diagnose beim Blind Date zu praktizieren halte ich für völlig fehl am Platz.“ „Das sehe ich anders: Ich erkenne so, ob mein Gegenüber krank ist, zu dick ist oder depressiv ist.“ Doro schaute ihn ablehnend an. Ihre Handtasche begann zu vibrieren und ein Bildschirm wurde in der Taschenfront sichtbar. Ein Frauenkopf begann zu reden. „Auf so einen Kerl, wie dich habe ich gewartet. Was ist dir denn bei einem Blind Date wichtig? Was ist dir in einer Beziehung wichtig und welche Ideale verfolgst du?“ Maxtom war irritiert: „Wer bist du? Was geht dich an, was ich tue? Wieso ähnelt ihr euch so? Seid ihr Zwillinge?“ Die Bildschirmstimme konterte: „Nicht nur Männer haben geforscht und entwickelt. Schon mal was von Embryonensplitting gehört?“ Maxtom rechtfertigte sich. „Ich habe doch nur gezeigt, was ich kann, wer ich bin.“ „Ja, genau. Für solche neunmalklugen Typen wie dich …. Doro steh auf, lass den gutverdienenden Arzt bezahlen und verlass diesen Ort, auf der Stelle.“ Maxtom richtete sich auf, um die Situation zu schlichten. Er blickte auf den Bildschirm: „Du willst mir was über Blind Date Verhalten erzählen. Dein Forschungsgebiet ist viel fragwürdiger als meins. Und überhaupt, wieso rede ich mit einer Handtasche. Warum bist du zu feige mir persönlich gegenüberzutreten?“ Die unbekannte Stimme sprach gelassen: „Doro ist mein Lockvogel und für mich mein digitaler Erstcheck, damit mir die Zeit, mich mit solchen Männern wie dich zu treffen, erspart bleibt.“ Doro verließ wortlos das Restaurant und Maxtom bestellte sich einen Sherry. Er tippte auf seine iPhoneuhr und suchte nach aktuellen Forschungsergebnissen bezüglich des Klonens. Im Zuge seiner Recherche verspürte er Lust, auch für sich einen männlichen Klon zu entwickeln.

*

*

*

**Angela Schützler,** geboren 1966 in Berlin. Studium der Germanistik, der Theaterpädagogik sowie storytelling in art & education. Sie lebt in Brandenburg, ist verheiratet und hat eine Tochter. Längere Aufenthalte in Shanghai und Luxembourg ermöglichten verschiedenste Theaterprojekte. In den Jahren 2010 bis 2017 leitete sie die Theatergruppe *Panoptikum* sowie Erzählprojekte.

## Joshua Clausnitzer

# Deletia

Existenziell. Verführerisch. Bedrohlich. Das ist Deletia. Wer oder was soll das genau sein? Delete. Existenziell. Verführerisch. Deletia, die Hauptstadt der Ahnungslosen, die Hauptstadt des Seins. Delete. Existenziell. Tom wacht auf, wieder einmal in Schweiß gebadet. Sein Körper zittert, er hat schon wieder von Deletia geträumt. Wirre Gedanken, verschwommene Bilder ziehen durch seinen Kopf. Was hat er durchgemacht? Delete. Tim wacht auf. Ein neuer Tag kann beginnen. Frisch und ausgeschlafen geht er unter die Dusche und gibt sein Gesangstalent zum Besten. Es ist zu schön, um wahr zu sein. Bürger der Stadt Deletia, Bürger der Stadt, in der alles gelingt. Arbeiten? Kennt Tim nicht. Geld gibt es schon lange nicht mehr in Deletia. Jeder lebt so, wie er es möchte, denn monetäre Ausgaben wurden durch Zufriedenheit und Freiheit für alle ausgetauscht. So schreibt es Deletia vor, Deletia hat niemals Unrecht. Delete. Tam wacht auf. Sie kriecht mühsam aus ihrer quadratischen Laube heraus, wo der Platz gerade einmal zum Schlafen reicht. Es stinkt nach Abfall, es stinkt nach toten Tieren und noch viel mehr. Wieder einmal blickt Tam auf den Fluss, der schon lange keiner mehr ist. Das trockene Bett teilt Tams Bleibe und die angrenzende Stadt auf. Tam mault auf, flucht und murmelt etwas. Deletia, Deletia, Deletia, warum nur gibt es diese verdammte Stadt? Wer hat das Recht gehabt, sie damals als Verstoßene zu degradieren und jenseits des ehemaligen Flusses zu schicken? Tam weiß genau, was sie hat. Tam hat Nichts. Zufriedenheit und Freiheit, was für ein absoluter Schwachsinn! Delete. Tum erblickt das Licht. Doch kann er überhaupt sehen, was da auf ihn wartet? Seine mitgenommene Mut-

---

[1] Aus einem Sonett von John Keats (1796-1821)

ter hält ihn in den Händen und ist überglücklich. Tum weiß nichts von seinem Glück und fängt erst mal an, dem Urin freien Lauf zu lassen. Tums Mutter ist das egal, dem Arzt und der Hebamme sowieso. Alles ist perfekt. Deletia hat einen weiteren, kleinen Mitbürger erhalten. Tum nimmt alles wahr, alles ist wahr, die Wahrheit zum Greifen nahe. Doch zunächst muss Tum sich um den Daumen seiner Mutter kümmern, sein Griff ist noch ganz schwach, aber zärtlich. Neue Menschen in Deletia sind glücklich. Freiheit und Zufriedenheit. All dies steht dem kleinen Tum noch bevor. Delete.

Mara ist gehetzt. Mit ihrem Fahrrad saust sie durch die Straßen von Deletia, welche komplett gesäubert sind und einen eigenartigen Glanz versprühen. Eigen war Mara schon immer, artig ab und zu. Doch in diesem Moment hat sie ganz andere Sorgen. Sie kommt zu spät? Zu was genau? Weiß sie selber nicht... Ausgebremst von ihrem sich fragenden Ich, macht sie einen Stopp, während sie überlegt, was genau sie eigentlich vor hatte. So eilig, wie sie es hatte, muss ja schließlich etwas der Grund dafür sein. Deletia ist so eine schöne Stadt, schweift sie von ihrem Ursprungsgedankengang ab. Macht es überhaupt Sinn, sich einen Sinn zu bilden über den Sinn ihrer Fahrradtour? Mara grübelt und grübelt. Delete. Mora ist Reporterin, besser gesagt fliegende Reporterin. Hoch über den Wolkenkratzern von Deletia ist ihr Zuhause. In ihrem eigens für sie designten Helikopter, der zudem auch noch autonom fliegt, kreist sie über die Stadt. Das blühende Leben, in der Innenstadt, fasziniert sie immer wieder. Sie hat definitiv den besten Job der Welt, den ihr keiner mehr nehmen kann. Ihr Helikopter kann sogar Fotos schießen. Dafür wurde extra eine kleine Kamera an die Spitze des Helikopters angebracht, welche eine Auflösung von 20k hervorbrachte. Manchmal fragten Mora Leute, was es denn mit diesen 20k auf sich habe. Mora konnte immer nur mit dem Kopf schütteln, in einer so tollen Stadt wie Deletia, war es doch klar, was es mit 20k auf sich habe. Delete. Mira lebt im Exil. Einst arbeitete sie für die Stadt, für Deletia. Sie war eine ranghohe Beamtin. Doch was ihr damals zustieß, würde sie niemals vergessen. Nach nur einigen Tagen im Amt der Stadtverwalterin, wurde ihr bereits klar, dass etwas nicht stimmen konnte mit ihrer Stadt. Ihre Aufgabe war es, Struktur und Einheit in die Straßen Deletias zu bringen. So weit, so gut. Doch weit gefehlt! Es war alles zu einfach, alles zu glatt. Weder ihre Vorgesetzten, noch ihre Delegierten, hatten jemals eine Meinung gehabt, zu den Thesen und Wünschen, die Mira äußerte. Sie versuchte, neutral zu bleiben, doch es war bereits viel zu spät. Mit der länger ausgeführten Amtszeit, wurde sie immer mehr genau zu dem, was sie nicht sein wollte. Eine funktionierende Maschine, in einem Apparat, der vermeintlich als der Beste galt, allerdings viel mehr Schein als Sein war. Emotionen gab es nicht und Mira hatte Probleme, überhaupt welche kreieren zu können. Eines Tages überfiel sie ein Gedanke, den sie nicht mehr loslassen konnte. Sie war glücklich, dass sie trotz ihrer emotionalen Kälte es schaffte, nicht komplett sich dem Sog Deletias hinzugeben. Wie ein Donnerschlag, wusste sie, was sie zu tun hatte. Eine Lücke in der Gesellschaft, gab es nicht, um zu entkommen, das war ihr klar. Allerdings konnte sie einfach abhauen. Sie würde ins Exil gehen, ihr eigenes erschaffen. Sie wäre der erste Mensch, der dies getan hätte, aber wer, wenn nicht sie? Es würde sowieso keinem auffallen, wenn sie an ihrer Arbeitsstelle nicht mehr antreten würde. Keiner hatte sich je um sie gekümmert und innerhalb weniger Tage, wäre der Posten sowieso anders besetzt. Es war Miras Revolte, eine kleine Revolte gegen Deletia. Es musste der Anfang einer neuen Bewegung sein. Das schwor sich Mira! Delete. Mura wacht auf, wo genau sie sich befindet, weiß sie nicht. Alles um sie herum sieht aus wie ein Kerker. Folterinstrumente prägen die Wand. Kann das realistisch sein? Sie weiß es nicht. Sie versucht sich zu bewegen, doch scheitert. Sie scheint fest gekettet zu sein, an einer hölzernen Liege. Es kann nicht mehr schlimmer werden, denkt sich Mura. Sie hört Schritte.

Der Angstschweiß auf ihrer Stirn nimmt zu. Realität, Traum? Realität, Traum? Mura wägt ab und plötzlich steht ein alter Mann, im weißen Kittel, vor ihr. Er begrüßt sie und lädt sie ein, mit ihm in die wundervolle Welt der Freiheit, der Zufriedenheit zu kommen. Sie kommt erst gar nicht dazu, ihren Mund zu öffnen, als der alte Mann ihr ein komisch aussehendes Serum in ihren Arm spritzt. Das letzte, was sie vernimmt, sind einzelne Buchstaben. D L T A. E E I. DEL.E.T.I.A. D.E.L.E.T.I.A. Delete...

Deletia, was ist das für eine Stadt?, Deletia, warum bist du bloß voll mit Freiheit und Zufriedenheit? Deletia, wer machte dich zu dem, was du bist? Deletia, wer kann es wirklich mit dir aufnehmen?

Deletia, du bist doch Perfektion. Deletia, du bist das einzig Wahre. Deletia, du bist existenziell. Deletia, du kannst dich niemals selbst vernichten.

Mik wacht auf. Stimmen in seinem Kopf haben ihn dazu gebracht, seinen geliebten Schlaf zu unterbrechen. Schlafen, ja, das kann man freilich am besten tun, in Deletia. Keiner stört einen. Keiner unterbricht einen. Keiner durchdringt die Ruhe. Mik ärgert es, dass er sich im Prinzip selber eine Standpauke halten kann. Nur durch sein eigenes Verhalten, hatte er aufgehört zu schlafen. Doch was genau waren das für Stimmen, die er vernommen hatte? Mik ist sich nicht sicher, was mit ihm geschehen war. Er hatte noch nie seinen Schlaf wegen komischer Gedanken unterbrechen müssen. Soll er sich nun deswegen Sorgen machen? Eher nicht, denkt er sich und versucht, weiter zu schlafen. Deletia, Göttin der Sorgen, Deletia, Göttin der Unbekümmertheit. Wieder bricht Mik aufgrund seiner ungewöhnlichen Strapazen seinen Schlaf ab. Warum musste ihm das bloß passieren? Wütend steht er auf. Es hat keinen Sinn mehr. Es hat keinen Sinn mehr zu schlafen. Es hat keinen Sinn. Delete.

Mak erfreut sich der schönen Kulisse, die sich ihm darbietet. Genüsslich liest er seine Zeitung und guckt den Kindern beim Spielen auf der Wiese zu. Mak ist alt, sehr alt. Ungefähr 120. So genau weiß er das aber auch nicht. Seit er sich erinnern kann, ist Deletia seine Heimat gewesen. Keine andere Stadt ist so schön wie seine. Hier würde er sterben, ist er fest überzeugt. Wenn er denn sterben würde. Mak musste lachen. Schon oft hatte er sich dieses Szenario ausgemalt, doch in nächster Zeit würde das bestimmt nicht passieren. Während andere Menschen Mak passieren, denkt er über das nach, was er immer tut. Deletia ist Perfektion, Deletia kann nicht mehr besser werden. Seinen Park liebt Mak, seitdem er klein ist. Der Park hatte schon immer enorme Grünflächen, aber in den letzten Jahren hatte Deletia ihn noch einmal ausgebaut und verschönert. Es ist einfach zu schön, um wahr zu sein. Delete. Muk schreibt gerne über Deletia. Es ist schon immer ihr Lieblingsthema gewesen. Muk ist die Starjournalistin schlechthin in Deletia. Immer auf dem neuesten Stand, immer den neuesten Trend parat. In einer sich so schnell verändernden Stadt, musste man ja schließlich up to date sein. Wenn Leute Muk fragen, wie sie all dies immer schaffe, dann muss sie schmunzeln. In einer Stadt wie Deletia, habe Informationsbeschaffung stets die oberste Priorität. Seien es die vielen 15k Auflösungsdisplays oder Monitore, die überall in der Stadt hingen, oder seien es die 5 mal 5 Meter großen Leinwände, die über aktuelle Aktionen informierten. Muk ist vehement der Meinung, dass in Deletia jeder informiert wird, auch wenn er oder sie es nicht wollen würde. Diese Vorstellung verwirft sie dann jedes Mal, denn ein Mensch, der kein Bedürfnis an Aktualiät oder Informationen besitzt, ist für sie nicht der Existenz würdig. Direkt ins Exil und den Deckel darauf machen. So hat es Muk am liebsten. Schnell eilt sie zu der nächsten Informationstafel, um sich einen Überblick, über die aktuelle Lage, zu verschaffen. Die Tafel wird von dem Schriftzug: Deletia- Freiheit und Zufriedenheit geprägt. Delete.

Deletia, Stadtstaat, Deletia, Gottesstaat in ihrer wundervollen Reinheit. Deletia, Name ist Programm. Delete.

Wie geht es weiter mit Deletia? Kann Deletia noch gestoppt werden oder ist sie auf dem Weg, dem Existenzialismus eine Existenz zu geben? Delete. Wie geht es weiter mit? Delete. Kann. Delete. Noch gestoppt werden? Delete. Ist sie auf dem Weg? Delete. Existenzialismus. Delete. Existenz. Delete.

**D**auer.
**E**leganz.
**L**ebenslust.
**E**ifer.
**T**rend.
**I**ntelligenz
**A**benteuer.

**D**ruck.
**E**xistenz.
**L**eiden.
**E**insamkeit.
**T**rauer
**E**itelkeit.

*
*
*

**Joshua Clausnitzer,** geboren 1994 in Bonn, wohnhaft in Meckenheim, professioneller Schriftsteller und Entertainer, Mitglied im Vorstand des VS NRW, mehrfacher Lyrik-Preisträger und Dozent für Kreatives Schreiben.

## Sylvia Bacher

# Die weiße Wand

Getrieben von Ehrgeiz, süchtig nach Büchern und Wissen und Anerkennung, mit dem Wunsch zur Elite der Literaten zu gehören, nicht aus Eitelkeit, nein, aus Angst *ich könnte sterben eh' die Feder gesammelt meine sprudelnden Gedanken ehe Bücherberge in ihren Schriftzeichen sie bewahren wie reiche Speicher das voll gereifte Korn …* [1]
Einordnen wollte ich mich zwischen den Großen im Bücherregal, als Hinterlassenschaft für die Ewigkeit. Meine sprudelnden Gedanken hielten mich auf Trab – die sprudelnden Gedanken, alle wollte ich sie zu Papier bringen… Ein einsamer Weg – unverstanden.

Nach einem anstrengenden Lese- und Schreib-Tag abends die Muße: Ein Besuch ist angesagt, er findet mich zur rechten Zeit.

Es war ein Abschied ohne Umarmung, ohne Ankündigung, plötzlich und unvorhersehbar.

Wie ein Stück Holz werde ich aus dem Fauteuil in einen Rollstuhl gehoben, dann ins Rettungsauto verfrachtet. Es ist dringend, die Fahrt mit Blaulicht und Folgetonhorn schnell, ruckartig, ungemütlich.

Aus einem weißen Bett, umgeben von Ärzten und Pflegepersonal in weißen Kitteln, starre ich auf den weißen Plafond, auf die weißen Wände, finde nichts, woran ich mich festhalten könnte. An der Wand kalte Handläufe. Gehhilfen sind bereitgestellt.

Ich will etwas fragen, sagen, die Worte kommen nicht aus meinem Mund. Kein Laut, kein Ton, nichts. Die Erkenntnis – ich kann mich nicht mitteilen – die Verzweiflung.

*Es ist die linke Gehirnhälfte*, höre ich. Einseitig zugeschlagen der Zugang zur Welt. Ist dies das Ende? Es folgen zahlreiche Untersuchungen, ich werde über Gänge geführt, zwischen den Etagen des Krankenhauses verschoben. Alle, die etwas zu sagen haben, tun ihr

Wissen und ihre Meinungen kund, gescheite Kommentare. Meine Symptome werden analysiert. Ich werde gedreht, gewendet, meine Beine und Arme angehoben, mein Gesicht betastet, beklopft. Beklopft! Niemand redet dabei mit mir, niemand sagt *zwinkern Sie mit den Lidern* oder *nicken Sie, schütteln Sie den Kopf*, um mir die Möglichkeit zu geben kundzutun, ob ich etwas spüre, ob mir etwas weh tut. Ich werde seziert, professionell, das Mitgefühl bleibt auf der Strecke. Dann Wochen der Rehabilitation, langsam lerne ich wieder gehen, der Optimismus bleibt aus.

Zurück in der Wohnung ordne ich meine Gedanken, mache unsichere Schritte in die Zukunft, fühle ich mich seltsam fremd und alleingelassen. Wo sind sie alle, die alten Freunde? Noch hat keiner nach mir gefragt.

Neue Gesichter tauchen auf, die sich in mein Leben einschauen: Eine Freundin aus Kindheitstagen, die in der Nähe wohnt, kümmert sich um meine täglichen Bedürfnisse und macht die Besorgungen für den Alltag, erledigt meine Bankgeschäfte, begleitet mich bei den Arztbesuchen und organisiert verlässlich meine sonstigen Termine…und stellt mir frische Blumen in die Vase. Die Sozialhelferin hält meinen Haushalt sauber, putzt die Wohnung, die Fenster, wäscht Geschirr, auch meine Wäsche. Keine Privatsphäre mehr.

Obwohl ich geistig voll auf der Höhe bin, hat das Ereignis doch seine Spuren bei mir hinterlassen: Ich begreife, was man zu mir spricht, kann darauf kaum antworten. Unverständliche Laute kommen aus meinem Mund. Geschriebenes kann ich zwar erkennen, aber nicht dessen Bedeutung erfassen, nicht lesen. Und, weil die Lähmung den ganzen Körper betrifft, also auch die Hände, geht weder Lesen noch Schreiben – und ich weiß nicht, wie ich meine überquellenden Gedanken loswerden soll. Klare Gedanken, die sich nicht artikulieren lassen, nicht in Worte münden. Ich klammere meine Hoffnung an den Bleistift, der zwischen den schlaffen Fingern der rechten Hand liegt und auf Betätigung wartet. Die Leitung zwischen Gehirn und den ihm zugeordneten Stellen ist in beide Richtungen gestört.

Ich leide, leide körperlich und seelisch, falle immer wieder in weinerliche Depressionen. Viel schlimmer hätte es nicht kommen können. Oder doch? Wenn ich im Auto unterwegs gewesen wäre? Manchmal packt mich der Zorn und ich beschließe gegen das Unglück anzukämpfen, mich nicht unterkriegen zu lassen, sondern tapfer weiter zu mühen. In meiner Einsamkeit setze ich die gefangenen Einfälle in großflächige Bilder um – noch bin ich nicht am Ende!

Dann kommt die Plage, unwirklich, surreal. Durchs Blau frisst sich der Wintersspross und nimmt den Frühling aus der Zeit. Verlorene Tage und Monate, sie kehren nicht wieder. Zwischen den Zeiten werde ich unbedacht totgeredet – eine falsche Schlagzeile.

Es war ein stillschweigender Abschied gewesen, vorzeiten, lange vor dem Ereignis, unauffällig, ohne Aufheben. Die Energien erschöpft. Düster die Prognose.

Sie aber hat an mich geglaubt, nach mir gesucht.

Gerne gehe ich ins Caféhaus um die Ecke, um ein wenig unter Menschen zu kommen, sie zu beobachten, mich treiben zu lassen und das Leben zu spüren. Obwohl ich nicht lesen kann, den Sinn des Geschriebenen nicht erfasse, greife ich zur Tageszeitung. Während ich auf den Mittags-Imbiss warte, schau ich mir das Layout an, Überschriften, Fotos, versuche sie zu erkennen, einzuordnen, zu begreifen.

Das Wiedersehen im Caféhaus ein Zufall, sie hat mich wiedergefunden, auch zur rechten Zeit – und bei lebendigem Geist. Ein freudiges Wiedersehen.

Sie schlägt vor, einmal pro Woche einen ganzen Tag zu bleiben und mir zu helfen, meine Gedanken aufzuschreiben, später zu tippen… ich bin damit einverstanden. Dann verbringen wir den ganzen Nachmittag miteinander, sie gräbt aus dem Laptop alte abgespeicherte Texte aus, und wir arbeiten bis spät am Abend.

Und so hilft sie mir seit diesem Treffen, meinen geistigen Ambitionen gerecht zu werden, Ideen zu verwirklichen. Sie liest mir vor, korrigiert und ordnet Texte, erledigt Briefverkehr mit Verlagen etc. Und doch bleibt jeder von uns für sich selbst kompetent.

Manchmal ist sie betulich wie eine Mutter, wenn sie die Kuchenbrösel von meinem Hemd putzt, ist um mein leibliches Wohl besorgt, hat Angst, dass ich mich verkühlen könnte, dann wieder ist sie fröhlich optimistisch, kumpelhaft wie eine getreue Freundin, wenn sie mich aus der engen Stube in den Sommerduft des nahe gelegenen Parks unter die alten schattigen Bäume entführt oder den Fluss entlang, dorthin wo meine Kindheit liegt.

Zur verlorenen Zeit lässt keine weitere sie kommen. Nur in der kalten schneereichen Jahreszeit steht die Zusammenarbeit still, da begeben wir uns in die Winterruhe.

Selten kommt es zu kurzen Disputen, wenn sie mir bei einem meiner sich stockend äußernden Gedankengänge ins Wort fällt und glaubt Geburtshelferin spielen zu müssen.

Tausende Bücher umgeben mich in Regalen, die bis zur Decke reichen, Bücher, die darauf warten wieder in die Hand genommen und gelesen zu werden. An Standort, Größe und Farbe erkenne ich sie. Manchmal ordne ich sie auch um. Sie, meine Seelenverwandte, ergänzt da und dort eine Reihe mit noch fehlenden Erstausgaben, weil sie weiß, dass ich das erkenne, dass es mich freut und ich mich dann wohl fühle.

Nach der Plage beginnt ein neues Leben, mein neues Leben: Gleich dem Phoenix aus der Asche will ich mich erheben. Mit Optimismus und neuem Tatendrang. Meine Augen sind das Tor zur Welt, mein Geist ist intakt, die vielen bunten Lebensbilder in meinen Gedanken überschlagen sich.

Das Sprachprogramm im Laptop übt jeden Tag mit mir, fleißig, diszipliniert. Die erste Staffel, die zweite Staffel, die dritte Staffel, die… Der Display spricht mir vor, es geht manchmal zu rasch, um das Gesprochene auch zu erfassen, doch jeder neue Sprechakt gibt Kraft und Selbstsicherheit, stärkt meinen Glauben an mich, von außen und von innen.

Sie hat beobachtet, dass man meine kurzen Satz-Ansätze ganz gut versteht, wenn ich nicht angestrengt und verkrampft, sondern unaufgeregt leise spreche. Sie gibt mir den Rat, den Kopf beim Reden nicht in den Nacken zu werfen, den Hals nicht zu überstrecken, denn mit weit offener Luftröhre funktioniert vor allem die Aussprache der Konsonanten nicht. Wenn sie mich nicht beobachtet, wie beim Telefonieren, wenn ich die Zeit mitarbeiten lassen kann, dann fühle ich mich weniger unter Zwang, bleibe lockerer.

Das Übungsprogramm am Laptop zeigt mir auch Schriftzeichen. Die großen Blockbuchstaben erkenne ich, versuche sie nachzuzeichnen, manchmal kommen sie verkehrt aufs Papier. Mit der Schreibschrift, vor allem den kleinen Buchstaben und den fließenden Übergängen tu ich mir schwer: Muss ich die Schlingen oben oder unten anfangen?

Sie schlägt vor, die Tastatur mit geschlossenen Augen zu benützen, die Finger selbständig arbeiten lassen, in Erinnerung an das früher erlernte und beherrschte Maschinschreiben. Anzählen bis zum Anschlag. Das klappt nicht, da mein Gehirn zwar Buchstaben gespeichert hat, allerdings auch diese nicht vollständig, vor allem aber damit kein zusammenhängendes Wort, kein Zugehörigkeit zu einem Objekt herstellen kann. Die Buchstaben finden keinen Bezug zum Wortbild, das sich verselbständigt hat.

So liest sie vom Mund ab, erkennt die Worte oft nur am Tonfall, an der dunklen oder hellen Färbung der Selbstlaute, sie lernt meine Sprache, errät meine Gedanken. Oft rätselt sie, und dann knacken wir gemeinsam das Problem, wobei ihr die Leidenschaft für das Lösen der intelligenten, kniffligen *phoenixen*-Rätsel – nach dem Vorbild von Colin Dexters Inspector Morse – zugute kommt.

Waren wir anfangs noch beunruhigt über die eilende Zeit, suchen wir nun mit Geduld neue Wege aus der Verzweiflung zur Hoffnung, suchen nach neuen realistischen Perspektiven für die begrenzte Zukunft. Nur der Körper weiß, wann der Zenit des Lebens erreicht ist, gibt uns Zeichen, der Geist aber strebt bis zuletzt nach oben. Daher ist nichts wirklich eilig. Und wir können uns, ohne uns Vorwürfe machen zu müssen, Zeit nehmen. Das Ende ist nicht vorhersehbar, nah oder weit – wer weiß es? Und wer wird noch sein, wenn morgen ist heute und heute schon gestern?

Eines Tages wird das Misstrauen sich zerstreuen, und, so plötzlich wie er kam, wird der Krampf sich lösen, werden die Gedanken sich entwirren, die Synapsen sich aktivieren und die elektrischen Reize auf richtige Bahnen lenken. Bleibt auch noch die Hoffnung auf den wissenschaftlichen Fortschritt, die Hoffnung, dass das Gehirn wieder befähigt wird, die elektrischen Impulse seiner Gedanken zu koordinieren und in die Peripherie weiterzuleiten. Alles nur Teamarbeit. Und wir sind ein gutes Team.

Die Zukunft ist weiblich, meine Zukunft ist weiblich.

HEUTE male ich noch bunte Bilder auf die weiße Wand, erwecke sie zum Leben, lasse sie für mich sprechen. MORGEN…

*

*

*

**Sylvia Bacher**, geb. 1945 in Wien. Studierte Turnen, Französisch, Geschichte, dann Medizin. Mitglied der Österr. Dialektautoren, der Deutschen Haiku-Gesellschaft, im Vorstand der Österr. Haiku-Gesellschaft. Zuletzt erschienen: *Haiku im Nebel des Verbrechens. Beschauliche Augenblicke.* ÖHG, Wien 2023.

## Brigitta Michel-Schwartze

## Politische Entwicklungen

*Die Macht der Lüge*

„Die Lösung liegt in dir“, hat sie gesagt, das ist befremdlich; überhaupt ist sie ihm fremd geworden im Laufe der Zeit. Die Lösung all dieser Schwierigkeiten liege in ihm? Hat sie die Notlage richtig verstanden? Er habe das Problem zu verantworten, behauptet sie, also habe auch er den Schlüssel zur Änderung.

„Nein!“ Sähe er eine Lösung, hätte er sie nicht aufgesucht. Den Schlüssel! Etwa 100 Jahre alt mag sie sein, haust in einem abgeschiedenen Teil seines Palastes, ob freiwillig oder gefangen – er weiß es nicht mehr. Die Nadelstiche ihrer lästigen Missbilligung, ihre kränkenden Warnungen hatten sie in ihre Verbannung geführt; sie mochte er nicht aburteilen lassen wie alle anderen, die ihn zu kritisieren wagten. Jetzt hätte er ihren Rat gebraucht, wollte sich nicht zurückverweisen lassen auf sich. Wie kann er, Tyrann und Krösus zugleich, sich retten?

„Besinne dich“, sagt sie, „wie du in diese Position gekommen bist. Wie konnte ein so durchschnittlicher Mensch wie du zum Despoten werden? Wenn du das geklärt hast, komme wieder!“ Sie entlässt ihn, nicht er sie, das ist unerhört. „Ihr hattet die Lüge zur Wahrheit erklärt und hattet Erfolg damit“, mahnt sie noch an. Lüge? Das waren Desinformationen; sie hatten, freilich gezielt, falsche und irreführende Informationen verbreitet. Man kann natürlich auch *Lüge* sagen.

Er soll sich also besinnen, er, der Alleinherrscher, der Erinnerungen bewusst vermeidet. Seine Dämonen erreichen ihn nur mehr in seinen Albträumen, jetzt durchpflügt er die Nacht der Verdrängung bis zu den unerwünschten finsteren Punkten. Wie haben Lügen seine Karriere befördert? Begonnen hatte er als Beobachter, als jemand, der sich nur wunderte. Staunenswerte Unwahrheiten wurden in die Welt gesetzt von den Demokratieverächtern, DV genannt. Er blieb als Publikum für eine Weile skeptisch gegenüber der Bewegung und ihren verlogenen Aktivitäten, bald schlugen seine Zweifel um in ironische Distanz. Wie einfach es schien, unter dem Deckmantel der Meinungsfreiheit dreiste Verdrehungen zur Wahrheit zu deklarieren und damit Gehör zu finden. Zu seiner Überraschung erreichten sie mit ihren Täuschungen viele Menschen, vor allem die Unzufriedenen, die ihre Träume nicht verwirklichen konnten, Menschen, die sich betrogen fühlten. Ihre Botschaften waren Manna für deren Erbitterung.

Da war er noch skeptisch. Den Erfolg führte er auf ihre simplen Deutungen zurück. Die Belogenen sahen sich entlastet. Nie waren sie selbst oder mit verantwortlich für ihre Situation, sie schienen Opfer politischer Strategien. Als Leidtragende konnten sie sich ohnmächtig fühlen oder – das war die Alternative! – eine Wut auf die Verhältnisse aufbauen. Die Demokratieverächter traten als Aufklärer wie als Retter der Betroffenen auf. Die Betrogenen gewannen den Eindruck, sie würden durch Machenschaften etablierter Politik hintergangen. DV-Akteure verliehen ihrer schBaseinbaren Benachteiligung eine Stimme, sie würden denen bei der Wahl ihre Stimme geben. Was so schlicht erklärt wurde und so komfortabel zu lösen war, fand Anklang gerade bei den Enttäuschten, denen die offiziellen Politiker oft zu unverständlich redeten und handelten. Die DV- Begründungen waren auf Einfältige zugeschnitten. Nicht einmal der Künstlichen Intelligenz konnten sie die Formulierung überlassen, sie mussten ihre schlichten Reden selbst schreiben.

Er begriff, dass die Wirkung einer Lüge zum großen Teil von den Belogenen abhängt – und vom richtigen Zeitpunkt: Wer als erster „Lügner“ ruft und auf den Anderen zeigt, ist im Vorteil. Die Leichtgläubigkeit, mit der die falschen Behauptungen aufgenommen wurden, überraschte ihn immer wieder. Sie ahnten nicht, dass ihre vermeintlichen Befreier, wären sie an der Macht, sie in ein Prokrustesbett zwängen würden. Ein Blick in seriöse Zeitungen oder über die Staatsgrenzen hätte gezeigt, dass Unsinn erzählt wurde, doch ihre Parteigänger informierten sich offenbar nicht mehr eigenständig. Dabei waren zu jener Zeit die Möglichkeiten per Internet noch nicht eingeschränkt, Quellen frei zugänglich; dennoch zogen die DV-Anhänger es vor, den Fälschungen zu glauben, wie absurd sie auch sein mochten.

Zunächst fühlte er sich abgestoßen, dann aber fasziniert von der Verführbarkeit der Massen und schließlich trat er dem Loyalitätsclub der Demokratieverächter bei. Rasch näherte er sich den Akteuren und ihrer Taktik an und zählte bald zu den Erfindern falscher Botschaften. War das der Beginn der geforderten Chronik?

Ein Berg, nein, ein Gebirge beginnt auf seine Brust zu drücken, während er sich weiter erinnert. Seine leichte Kleidung lastet plötzlich wie eine historische Rüstung auf ihm, drückt auf sein Fleisch, presst seine Knochen, als er weiter in das Dunkel seiner Erinnerungen vorstößt. Er hatte anfangs nichts Unrechtes tun wollen, höchstens Berater werden; tätig waren die anderen. Doch da er zu ihnen gehörte, fielen Pflichten, aber auch der Glanz der Aussichtsreichen auf ihn. Mit ihnen trieb er auf einem Meer von Unwahrheiten einem Erfolg zu, der ihm unheimlich zu werden begann. Selbst die in seinen Augen blödsinnigsten Behauptungen, zum Beispiel das Märchen von einer geplanten Umvolkung, schienen zu überzeugen. Sie konnten jede Verschwörungserzählung streuen, ohne ihre Sympathisanten auch nur zu verunsichern. Arg wurde ihm, als die Übergriffe begannen. Er hatte davor gewarnt, Gegner, die wohlfundiert und verständlich die echten Tatsachen erklärten, zu diskreditieren und mit dem Tode zu bedrohen. Er fürchtete einen Vertrauensverlust unter ihren Anhängern, wenn sie Gewalt anwandten. Doch Bedrohungen und Terrorisierung von Widersachern schreckten ihre Zuläufer erstaunlicherweise nicht ab; sie applaudierten jeder Nötigung oder Beleidigung, hießen jede Maßlosigkeit gut, ahmten die Gewalt nach, was ihn damals noch erschütterte. Die Tünche der Zivilisation war dünn und blätterte erstaunlich schnell von der Fassade der Menschlichkeit.

Da hielt er den Zeitpunkt für gekommen, sich vom DV-Club bald zu trennen, doch das schien nicht mehr möglich. Das Gebot der Loyalität galt absolut. Er zählte bereits zum inneren Kreis, wusste zu viel über Umtriebe und Personen, seine Abwendung hätte er wohl mit dem Leben bezahlt; Beispiele dafür gab es bereits. Seine Frau behauptete, für sich in diesem Land keine Zukunft mehr zu sehen; sie verließ ihn, ging mit den Kindern ins Ausland. Die Scheidung von ihr erschien ihm einfacher als die Trennung von den Demokratieverächtern.

Ja, *sie hatten die Lüge zur Wahrheit erklärt* und waren sehr erfolgreich damit. Das zeigte sich, als sie den politischen Herrschaftswechsel durch die Kandidatur ihrer Partei einleiteten. Nahezu atemlos beobachtete er den Vorgang: die fesselnde Choreographie der PR-Maschinerie, die harte Rhetorik der Forderungen und Versprechungen, die Einschüchterung von Konkurrenten. Spenden wurden gezahlt von potenten Sponsoren, die mit der Aussicht auf Macht eigene Interessen verfolgten. Er ließ sich einspannen in die Bestrebungen, hielt im fortgeschrittenen Wahlkampf sogar Reden. In kurzer Zeit war er vom Mitläufer zum Mittäter geworden.

Sie wurden gewählt. Das Momentum der Herrschaft war gekommen. Und diese Bedeutung korrumpierte auch ihn.

*Die Herrschaft*

Sie waren an der Macht, aber noch nicht am Ziel. Die Absicherung ihrer Herrschaft begann und ab da beteiligte er sich tatkräftig: Außenpolitisch lösten sie die Verbindungen aus der Staatengemeinschaft, die ihre weiteren Aktivitäten erschwert hätten. So gewannen sie Freiräume für alle folgenden Entwicklungen. Sie verboten alle anderen Parteien, verfolgten und zerschlugen jede Opposition und die kritischen Medien, reduzierten öffentliche Nachrichten auf eine Hofberichterstattung und trivialisierten den Unterhaltungssektor; nur noch unterkomplexe Erklärungen fanden sich in den bald eingeschränkten Nachrichtenquellen, ideologisch aufgeladene Beifallsmeldungen beherrschten die Gazetten. Bücher wurden beschlagnahmt, neue erschienen nur nach gründlicher Zensur, wurden aber ohnehin kaum gelesen. Alternative Recherchen waren dem Volk kaum mehr möglich.

Insgeheim plante er ein Handbuch für Diktaturen, das gefüllt sein würde mit Erfolgsrezepten. Eines der vielen Beispiele wäre die Reduktion schulischer Lehrpläne auf Sport, Nationalismus, Technik, Konsumorientierung und Menschenbilder oder die Beschränkung der Forschung an Hochschulen auf den IT-Bereich, Militärtechnik und auf die zuverlässige Konditionierung von Menschen. Dem Wandel abgeneigte Lehrkräfte und kritische Hochschullehrer wurden entlassen und durch ergebene Parteigenossen ersetzt, Loyalität zum Regime galt jetzt als vorrangige Qualifikation. Das fand er genial, obwohl sie doch nur historischen Vorbildern folgten. Allerdings war ihnen der vorherige Niedergang des Bildungssystems entgegen gekommen, die Schulen waren bereits schlecht ausgestattet und personell unterbesetzt, das machte es leicht, auch die Inhalte umzuschreiben und zu reduzieren. Das Verdummungsprogramm glitt wie auf einer gut geölten Schienenbahn in die gewünschte Richtung.

Als Jurist wirkte er mit, als der oberste Gerichtshof entmachtet und die Verfassung ausgesetzt wurde. Auch als sie das Strafgesetzbuch reformierten und das Parlament auflösten war er dabei. In seiner Begeisterung fand er den neu vorgegebenen Nationalstolz ganz natürlich, ebenso wie die erwünschte Fremdenfeindlichkeit. Erfolglos widersetzte er sich der Entscheidung, nur noch heimische Betriebe und Produkte zuzulassen, der darauf einsetzende wirtschaftliche Niedergang wurde erst später brisant.

Anfangs gab es noch Proteste aus dem Volk, doch wozu befehligten sie Polizei und Militär? Hinzu traten neue Milizen aus ihren Anhängern, die überall in direkter Nähe zu Kritikern des neuen Regimes alle kontrollieren, denunzieren und gegen Oppositionelle intervenieren konnten. Daraus entwickelten sie ein effizientes Überwachungssystem. Die Gefängnisse füllten sich, Todesurteile wurden gesprochen und vollstreckt. Die Revolution war bezüglich ihrer Opfer nicht wählerisch, aber gefräßig.

Auf seine Anregung hin wurden selbst politische Witze geahndet. Bald ging das Gerücht um, ein Student sei nach dem Pfeifen des Liedes „Die Gedanken sind frei“ verhaftet worden, wodurch dieses kaum noch bekannte Lied in das kollektive Gedächtnis zurückkehrte und eine zweite Karriere erlebte.

In allen Amtsräumen, Klassenzimmern und in den Hörsälen der Universitäten hingen ihre loyalitätssichernden Merksätze, die sie in 10 Geboten zusammengefasst hatten. Den wenigen noch verbliebenen Christen sollte zumindest die Struktur ihrer Glaubenssätze genommen werden.

Die von ihnen legitimierte Wirtschaft durfte sich hemmungslos aller Ressourcen bedienen und dankte es ihnen. Ihr individueller Reichtum nahm phantastische Ausmaße an, während der staatliche Haushalt sich defizitär entwickelte, obwohl alle Sozialleistungen, die Ausgaben für den Umweltschutz und die meisten Kulturetats gestrichen wurden.

*Sie hatten die Lüge zur Wahrheit erklärt.* Sehr erfolgreich waren sie damit gewesen, hatten eine neue soziale Wirklichkeit geschaffen. Berauscht von der Macht agierte er inmitten dieser schrecklichen Betriebsamkeiten. Seine Distanz hatte er ganz verloren, sein Gewissen ebenfalls. Das befähigte ihn zum Minister.

Der innenpolitische Umsturz musste noch durch die Wahl eines Präsidenten mit alleiniger Machtvollkommenheit abgeschlossen werden. Das war der schwierigste Teil des Wandels, denn jedes Regierungsmitglied verstand sich zugleich als einzig geeigneter Kandidat für diese Position. Die Einigung verlief unter Ausschluss der Öffentlichkeit nach einem Prinzip, das in einem lange vergessenen Kinderlied besungen worden war, in dem von ursprünglich 10 Menschlein nach jeder gemeinsamen Aktion eines verschwand, bis schließlich nur noch eine Person übrig blieb.

So war aus dem Loyalistenclub er als Despot hervorgegangen.

*Ein neuer Wandel?*

Skrupellos, mit Gewalt und List hat er sich in die Position des Alleinherrschers gebracht und sich ungewöhnlich lange dort gehalten; seine Macht ist unbeschränkt. Stolz darauf ist er, bis jetzt, da ihm Zweifel kommen, denn er beherrscht sein Reich nicht mehr. Das ist ihm erst gestern deutlich gemacht worden. Nach einem weiteren Albtraum hatte er den letzten seiner einstigen Weggefährten aus der Todeszelle des Gefängnisses holen lassen, um sich von ihm den Zustand seines Herrschaftsgebietes beschreiben zu lassen.

Von diesem, der nichts mehr zu verlieren hatte, erfuhr er, dass sein Angsttraum über die Verwüstung aller Regionen seines Reiches durch Kriege und Katastrophen schon lange Realität sei. Sein Reich stelle keinen Reichtum mehr dar, sondern sei geschrumpft um alle Ressourcen: um Bevölkerung, um bebaubares Land, um Infrastruktur, die er der Kosten wegen nie erneuern ließ. Zu seinem persönlichen Gewinn hatte er alles ausbeuten lassen und nicht bedacht, dass noch innerhalb seiner Lebensspanne alle Möglichkeiten erschöpft sein könnten. Böden, Wasser, Luft seien vergiftet. Und ein Lösungsvorschlag? Achselzucken und dann: „Frag doch deine Großmutter."

Seitdem vergleicht er seine Lebenslinie mit dem Diagramm eines Börsenkurses: Nach steilem Aufstieg und langem Stillstand auf hohem Niveau erfolgte der jähe Absturz ins Bodenlose. Was soll nun werden? Die milliardenfach gesammelten Daten des Überwachungssystems lassen keine Zukunftsprognose zu, denn seine Informatikspezialisten ließ er enthaupten, weil er ihnen misstraute. Nun gibt es niemanden mehr, der Zukunftsberechnungen anstellen könnte. Seine Position und sein Vermögen will er um jeden Preis retten. Er braucht einen Plan.

Was bringt die einstmals führende Philosophin, seine Großmutter, zu der Behauptung, die Lösung liege in ihm? Das muss ein Irrtum sein, ihrem Alter geschuldet.

Sie verordnet ihm einen Wechsel der Perspektiven und seiner Wertvorstellungen. „Wie soll ich das verstehen?", fragt D. Sie antwortet: „Männliche Macht hat die Welt zerstört. Denn: Das männliche Prinzip bedeutet mehren und wehren, jagen und wagen – das heißt: herrschen *auf Kosten* Anderer. Das weibliche Prinzip bedeutet gebären und nähren, pflegen und hegen – und das heißt: herrschen *zugunsten* Anderer." Die Zukunft, soweit es sie noch gebe, müsse also dem weiblichen Prinzip folgen.

Und: Wertewandel bedeute umzudenken, die Eigenschaften und Handlungen anzuerkennen, wertzuschätzen und weiter zu entwickeln, die bislang unterdrückt und verachtet wurden. Das heiße auch, kritische Stimmen zu würdigen. Er solle ihnen zuhören, ihre Hinweise in Erwägung ziehen und damit anders handeln als bisher.

Das klingt plausibel, aber befremdlich; der Rat macht ihn ratlos, denn er überschreitet völlig seine Vorstellungskraft.

*
*
*

**Brigitta Michel-Schwartze,** Dr. phil., Professorin i.R. für Sozialwissenschaften, lebt derzeit in Lübeck. Sie hat nach Jahren des Forschens und Lehrens und vielen wissenschaftlichen Veröffentlichungen ihre Liebe zum literarischen Schreiben (wieder-)entdeckt. Seit ihrem Ruhestand publiziert sie Kurzprosa und Lyrik in Anthologien.

## Robert Prugger

## Pento-Baby

"Hi Guys …. wer kommt nun wirklich mit? Übermorgen ist der 31. Juli – nicht verpennen!!"

Diese Nachricht verschickte ich am 29.7.2055 an alle Mitglieder unseres Clubs. Club heißt nicht viel mehr als alle 14 Tage ´Abhängen´, Stammtisch vielleicht, nicht mehr so viel trinken und essen wie früher. Als Eingeweihte kannten sie alle die Uhrzeit, das Wohin, vor allem aber das Wozu des Treffens sehr genau.

In den letzten Jahren, eigentlich Jahrzehnten, hatten wir immer und immer wieder über das Immer-älter-werden diskutiert, den sogenannten Segen der Wissenschaft und der modernen Medizin infrage gestellt. Lange Zeit war es ein Hin und Her, bis uns schließlich die Argumente ausgingen. Dadurch konnten wir besser auf die ´innere Stimme´ und das Gefühl hören, und recht bald schon war der Termin beschlossene Sache.

Keiner hatte sich verpennt, und als ich um zirka fünf Uhr am Nachmittag per Taxi bei der ´Geschlossenen Gesellschaft´ ankam, war schon ein halbes Dutzend aus der alten Crew da: Silke, Mietze, Daisy, Zlatko, Paul und Freddy. Ein paar trudelten kurz nach mir noch ein.

Derlei Beobachtungen halte ich im Protokoll fest, um das mich ´Pacific Highway´ gebeten hat. PH würde es bei Bedarf an Interessierte weiterleiten, da über derlei Events kaum verlässliche Informationen vorliegen und ausschließlich phantasiert würde: Die Gerüchte reichen von abstrusen Horrorszenen bis zur persönlichen Anwesenheit diverser Heiliger. Also übernahm ich das Protokoll gerne, habe damit auch schon begonnen, und werde es laufend ergänzen.

Obwohl keiner von uns diesen Ort vorher kannte, läuft alles wie choreografiert ab: nahezu grußlos ans Bier, dann auf eines der Wasserbetten, die in der Sonne stehen. Die Liegen sind halbkreisförmig um den riesigen Pool angeordnet. Neben jedem Bett steht ein Tischchen, darauf ein Würfel aus Plexiglas mit einem ovalen Ausschnitt an der Oberseite, Handtücher, Pölster und Decken, Gläser für die Getränke, eine Klingel für Notfälle, ein noch verschlossenes Kuvert mit aufgedruckter Codenummer sowie und ein Blatt mit schriftlichen Anleitungen. In dicken Lettern wird man aufgefordert, die Anleitungen sorgfältig zu lesen und sie gewissenhaft zu befolgen.

Die Anlage selbst und die Anordnung der Liegen erlauben den perfekten Panoramablick in die Berge, von denen jeder von uns die meisten selbst bestiegen hatte, als allerletzten noch einmal den Traunstein. Das ist allerdings viele Jahre her. Alle die, die schon vor mir gekommen waren, hatten sich trotz des betörenden Ausblicks die ebenfalls bereitgestellte schwarze Binde bereits über die Augen gelegt, wahrscheinlich um besser dösen zu können.

Die Wahl zwischen den diversen Seehotels, Almen und Wellness-Centers war nicht leicht gefallen. Wir entschieden uns schließlich mehrheitlich für Pacific Highways Pauschalangebot ´Towards heaven´, präziser, für diese schlossartige Anlage im österreichischen Salzkammergut, und es war eine vortreffliche Wahl, wie es sich nun zeigt. Ruhig, sauber, alles bestens vorbereitet: (Champagner: Louis Roederer, Cristal; Veuve Clicquot, La Grande Dame; Wein: Leithaberg DAC, Ried Joser Jungenberg; Nittnaus, etc., Whiskey: Edradour Barolo Finish, 16 J.), und mehr von dieser Art; Beim Bier beschränkte man sich – auf unseren expliziten Wunsch hin – auf Bier lokaler Traditionsbrauereien; reine Sentimentalität. Früchte: von hiesig bis exotisch, warmes Essen aller Art im Warmhaltecontainern, eine nie gesehene Vielfalt an Beilagen.

Das Personal hatte sich nach der Vorbereitung dezent zurückgezogen, so dass wir es nie zu Gesicht bekommen haben. Natürlich wurde die Rechnung im Voraus beglichen, und die Agentur wusste ganz offensichtlich, dass Geld in dieser Situation keine Rolle spielen würde.

Alles vorzüglich, bloß das Dösen will mir nicht richtig gelingen – vom Schlafen keine Rede -, und so hebe ich gelegentlich meine Augenbinde ein wenig an, um mich umzusehen. Da liegen sie also: links von mir Zlatko, rechts Silke, nach und nach kann ich sie alle erkennen. Zlatko trägt seine üblichen schwarzen Jeans und den blau-grün quergestreiften Pullover, die „Rote Silke“ helle Jeans, ein T-Shirt, darüber eine Strickjacke, Mütze mit Quaste, Schal und Wollhandschuhe - trotz der sommerlichen Temperaturen! Auf diese Weise gleicht sie schlittschuhlaufenden Mädchen im Centralpark, wie wir sie aus den amerikanischen Weihnachtsfilmen dutzendfach kennen. Alle sind voll bekleidet, als würden sie frösteln.

Ich lasse mein Visier wieder herunter, um noch einmal in meine Erinnerungen einzutauchen. Wie Sternschnuppen blitzen die Ereignisse auf, von denen die meisten schon fast hundert Jahre zurück liegen. Mein Gott, ich musste barfuß über den Höchkönig-Gletscher gehen, weil sich herausstellte, dass mir die neuen Schuhe zu klein waren. Erinnerungen dieser Art also - und die anderen haben auch welche. Hatten wir sie doch hundert Jahre lang immer wieder aus unseren Schatzkisten hervorgekramt und darüber geredet: Zum Beispiel half Daisy in der Camargue ein wildes Pferd einzufangen; Sex in der Seilbahngondel; Pauls Lottogewinn, den er schließlich für eine gemeinsame Pragreise zur Verfügung stellte; unsere Besuche bei den ´guten Alten´, wie den Stones, Emmerson, Lake und Carl Palmer, oder wie sie alle hießen; volle Kirchen bei den weihnachtlichen Mitternachtsmetten; das selbstherrliche Ignorieren von Geschwindigkeitsbegrenzungen; Warteschlangen an den ehemaligen Grenzübergängen; Schi-Abfahrten bei Naturschnee bis ins Tal … fast alle Dreitausender Österreichs und der Mont Blanc, und, und …

Stefan fiel mir plötzlich in die Gedanken und doziert auf seine gewohnte Art -laut: „… alle haben es erlebt: Berufsangebote lagen vor, damals, Jurist? Arzt? - oder wolltest du ein Lokal aufmachen? Chacun à son goût. Bis es knapper wurde: Die zunehmende Digitalisierung forderte ihren Preis, Stellen wurden gestrichen, produziert wurde in Asien." Zlatko übernimmt Stefans Gedankengang und setzt fort: „China erwachte aus seinem vieltausendjährigen Schlaf und übersäte die Welt mit Billigware, wie man Glücksreis über das Brautpaar wirft. Und mit seinen Arbeiter dazu."

Und Mietze übernimmt ihrerseits: „Gleichzeitig nützten die Wissenschaftler die neuen technischen Möglichkeiten. Verantwortungsbewusst und trotzdem arrogant. Die Wissenschaft war frei! Stammzellen und Genschere hieß es bald. Neue Hüfte? – alter Hut. Immer noch das alte Herz?"

Ich wusste schon, was Mietze sagen würde, denn wir alle kennen sie zur Genüge: Nachdem man das Altern in den Griff bekommen hatte, stellten sich viele Fragen gleichzeitig. Bekommt jetzt die Rassenfrage neue Brisanz? Provoziert man damit kriegsartige Auseinandersetzungen, um die Bevölkerung zu dezimieren? Können die Alten mit den Entwicklungen überhaupt mithalten, oder würde man gar durch Eingriffe einen Menschen formen, der zwar friedlich, aber apathisch, dahinvegetiert und alles problemlos über sich ergehen lässt?

Mietze dreht sich langsam auf die Seite und schweigt weiter, andere ebenso, und alle sind ihren Gedanken ausgeliefert. Nach dem Weltkrieg, fällt mir ein, war das Vergessen eine überaus nützliche Karte, heute kann damit keiner mehr punkten. Zunächst scherzte man noch über den ´Chip im Hirn´, schließlich aber gelang es doch, ins Gedächtnis vorzudringen: Ja, das Vergessen wurde ausgemerzt; um den Preis des ungewollten Erinnerns, des gnadenlosen Ausgeliefertseins an die Vergangenheit!

Sehnsüchtig denke ich zurück: In den Achtzigern – letztes Jahrtausend - bin ich mit Elke nach Berlin gefahren, weil sie mich dankenswerter Weise schon zwanzig Jahre zuvor dorthin verführt hatte. Dieses langsame Wiederentdecken: Sind wir nicht hier entlang geschlendert? Und natürlich: S-Bahn, Eisenacher Straße; sogar die alte Döner-Bude … langsames Wiedererinnern, Wiedererkennen, … jeder Schritt, jeder Blick war wie das Öffnen einer inzwischen vergessen gewesenen Spielzeugschachtel. Das alles ging verloren durch das Immer-alles-Wissen.

Wieder und wieder kommen Erinnerungen hoch, Enttäuschungen: Als mich Katrin für drei Monate – nur drei Monate – verließ! Dieses WhatsApp: ´Danke für alles und Tschüss.´ Ein Moment, der an mir hängt wie das Echo am Knall, ich bekomme ihn nicht los. Oder, wie mich der Gutachter über den Tisch gezogen hat, Herr Magister Knoll, 1993. Und abertausende Male diese Minuten in denen mir der Polizist den Tod meiner Tochter meldete – was sich später als Irrtum herausstellte. Claudia lebt, glücklich, aber mein Schock ist täglich neu. Alles klebt an dir: Verwundungen, Enttäuschungen, Momente des Schämens, endlose Stunden der Einsamkeit.

Ja, wir haben das Vergessen verlernt. Wir haben es nicht nur zugelassen, sondern verlangt - anders würden wir in der globalisierten Welt unseren Platz nicht verteidigen können, hieß es! Wer würde da nein sagen? Und jetzt? Fünfundzwanzig Mal Florenz, dreißigmal Venedig, hundertmal die Vierschanzentournee, tausendmal Formel 1, zehntausende Wiener Schnitzel. „Es reicht!“ schreie ich laut.

Was ist los?“ fragt Silke, fast schon stimmlos, aber immerhin noch erschrocken. Für einen Moment hatte ich die Kontrolle über mich verloren, hoffte, ich hätte niemanden aufgeweckt. Ich flüstere ihr zu: „Alleine das Wort Venedig quält mich. Gott sei Dank gibt es keine Übertragungen mehr aus Kitzbühel, kein Roland Garros. Selbst das Essen macht Mühe, da kann die Speisekarte noch so lang sein.“

Ohne dazu etwas zu sagen legt sich Silke zu mir ins Bett und schlingt ihre Arme um mich: „Nicht mehr denken, Georg." Ihre Strickjacke tut nun auch mir gut und sie bindet mich mit ihrem Schal näher an sich, ihr Atem erreicht mich und ich spüre ihren Körper. Reden war sinnlos geworden, aber es tat gut, den warmen Körper noch eine Weile in meinen Armen halten zu können.

Eigentlich war ausgemacht ´nach Sonnenuntergang´. Aber Silke schien sich wieder einmal an nichts zu halten und hatte wohl ihre Kapsel bereits geschluckt gehabt, als sie sich zu mir legte. Bald schon stelle ich fest, dass sie wirklich gemogelt haben musste.

Nach ein paar Minuten löse ich mich aus Silkes Armen, gehe zu den anderen, langsam, von Bett zu Bett, und nehme allen ihre Schlafbinden ab. Offenbar hatten die meisten gleich nach dem Eintreffen beim Schloss ihr Pentobarbital genommen, sind aber immerhin der strengen Auflage gefolgt, die Kontrollplakette in die Schlitze der Plexiglaswürfel zu werfen. Das Einsammeln der Plaketten soll einen Missbrauch verhindern; Niemand durfte zwei Kapseln abholen. ´Pento-Babies´ werden sie inzwischen liebevoll im ganzen Land genannt, und viele, auch junge Leute, haben sich die ihnen zustehende Kapsel bereits besorgt - ´man weiß ja nie!´

Ich stecke in jeden Würfel noch eine Münze, das Geld würde schließlich das Personal bekommen, für eine hoffentlich weiterhin rücksichtsvolle Behandlung.

Und noch eine zweite Runde drehe ich, jetzt um nachzufühlen, was unsere lebenslangen Freundschaften ermöglicht und ausgemacht hat. Zlatko hat mich beschützt, wo auch immer wir hingereist sind, was immer wir auch taten. Ich konnte mich an seinem Mut orientieren. Daisy führte mich in die Liebe ein, inklusive späterer ´Nächte der Perfektionierung´, wie wir sie nannten. Paul hielt mich so lange am Seil fest, bis ein anderer Kumpel mir zuhilfe kommen konnte. Und Mietze? Wahrscheinlich weiß sie es selbst nicht genau und auch ich bin mir nicht sicher, aber Mietze und Bert zogen wahrscheinlich ein Kind auf, dessen Vater ich selbst bin. Und so verweile ich an jeder Liege ein paar Minuten und sehe in die vertrauten Gesichter, die eine unaufgeregte Zufriedenheit ausstrahlen.

Ich bin als Letzter übrig geblieben und fühle mich unter ihnen geborgen, wie bisher schon. Lediglich meinen Joint muss ich jetzt alleine rauchen, dabei hätte ich doch für alle etwas mitgebracht – auch eine Art von Reminiszenz. Vom bisher unberührt gebliebenen Buffet hole ich mir eine Schale Cashews und einen Aschenbecher, setze mich an den Tisch und schreibe langsam an meinem Protokoll weiter … Nur noch einen einzigen Satz möchte ich für euch unbedingt hinzufügen: Ich glaube es war richtig, … wir alle … waren nur noch Treibholz … das kein Ziel kennt … ich bin glücklich ...

*

*

*

**Robert Prugger,** Österreicher, geb. 1953, studierte Meteorologie und leitet in der Pension einen Reitstall. Dieser Beitrag ist sein erster schriftstellerischer Versuch.